呂思勉手稿珍本叢刊

中國古代史札録

1

呂思勉 著

政治政體一

上海市促進文化創意産業發展財政扶持資金項目

前言

吕思勉先生（一八八四至一九五七），字誠之，江蘇武進（今常州）人。先生畢生致力於歷史研究和歷史教育，先後任教於常州府中學堂、南通國文專修科、上海私立甲種商業學校、瀋陽高等師範學校、蘇州省立第一師範學校、滬江大學、光華大學等，一九五一年入華東師範大學歷史系任教，被評爲歷史學一級教授。先生是當代著名的歷史學家，一生著述達一千二百餘萬字，涉及史學、文學、經學、文字學、文化思想、民族學等多個領域。他先後著有兩部中國通史（《白話本國史》《吕著中國通史》）、四部斷代史（《先秦史》《秦漢史》《兩晉南北朝史》《隋唐五代史》），其他的重要著作有《先秦學術概論》《中國民族史》《理學綱要》《中國社會史》《文字學四種》《史學四種》《吕思勉讀史札記》《中國近代史》等。先生的治學講究實事求是，又善於融會貫通，素爲學術界所推重。

先生去世後，留有大量的未刊手稿。其中，部分已完稿的如《説文解字文考》《中國史籍讀法》以及一些單篇的論文、札記等，先後收録在《史學四種》（上海人民出版社，一九八一年)、《文字學四種》(上海教育出版社，一九八五年)、《論學集林》(上海教育出版社，一九八七年)、《呂思勉遺文集》(華東師範大學出版社，一九九七年)和上海古籍出版社的「呂思勉文集」(二〇〇五至二〇一一年)、《呂思勉全集》(二〇一五年)裹，而未刊手稿中的絶大部分，都是先生多年來爲研究工作所積累的各種資料札録，我們此次整理並影印出版的，就是這部分未刊的資料札録。

呂先生的這些資料札録，數量較爲龐大，内容也十分豐富。它大致包含三種類型：一是像先生寫斷代史裹典章制度的分類資料，有「政治」「職官」「刑法」「兵制」「賦税」「實業」「生計」等門類。二是像先生寫讀史札記的分類資料，有「經籍」「經解」「醫學醫方」「文字」「訓詁」「文學」「史學」以及兩漢至明清的史料札録。三是先生保存的近現代史及世界史的資料，如「近世史編年」「民國史資料」「外交」「職官」「交通郵電」「法令備檢」「秘密社會」「世界史前史」「世界史札録」等等。此次影印整理的，只是上述第一類資料札録，故取名爲《呂思勉手稿珍本叢刊・中國古代史札録》(下文簡稱《手稿叢刊》)。

呂先生的這些未刊資料，都由先生自己分門别類地用舊報紙加以包裹，每一包都用細繩包紮，並在包裹紙上寫上資料的類别，比如「政治政體」「封建」「職官」「選舉」「刑法」等等。多數是一個類别紮成一包，有些類别收録的資料較多，則分紮成幾包。如「政治政體」分兩包，「職官」分四包。不少包裹紙已破損脆裂，則由女兒吕翼仁、學生李永圻重新包裹包紮。這些資料，都一包包整齊地疊放在書架上，包裹外還粘有一條小標籤，以方便使用尋找。吕先生的這些未刊資料，大部分是手抄的札録，也有不少是報刊雜誌的剪報，兩者的比例約爲二比一。報刊雜誌上的資料，有些已由吕先生自己剪貼成册，上面或有先生的圈點或劃線；有些則整張、整本地保存下來。由於年代較久，這些報刊雜誌的紙張已泛黄，且字體較小，此次整理只收録了一小部分；札録中的手稿部分，均按原樣影印刊出。

吕先生做的資料札録，通常會在天頭或紙角上寫下各種資料的類别，比如「賦税」一包，抄寫紙的天頭或紙角上，有些寫上「田賦」「田制」「租調」「榷酤」等，有些寫上「賦役」「役」等。「兵制」一包，也分别寫有「兵」「兵制」和「兵器」等。這其實就是將「賦税」「兵制」的資料再做分類，有些還有更細化的分類。依着這樣的分類，先生就將它們分成若干札或小札，用細繩將一疊疊的資料分别包紮，或用銅釘裝訂成小本。本次影印《手稿叢刊》，在編排上，完全按照吕先生原有的包—札—小札的先後次序。

吕先生所抄録的資料，大都是節録或剪貼史籍的原文；未録原文的，就在題頭下注明史籍上的篇名卷第。如「封建」有一條「春秋時用兵多有私屬從行而不見經傳」，見《左傳・宣公十一》「諸侯、縣公皆慶寡人」；「刑法」有一條「質作」，注見《資治通鑑》卷一四七第九頁的反面；「政治政體」有一條「禁駙馬與宰相往來」，注見《舊唐書》卷一六第五頁的反面。〔一〕札録中不少還加有按語。按語有短有長，如「職官」中有一頁録《禮記・祭統》「古者不使刑人守門」一句，先生加按語：

> 古者不使刑人守門。勉案：此句係夾注，然足證作記時使刑人守門了，鄭注必以爲夏殷時，未必然，因《記》未必非秦漢時作。

又有一頁「丞相」：

〔一〕吕先生所用的《資治通鑑》是上海大中書局民國十五年十二月印行版，「二十四史」是上海集成圖書公司戊申五月重印版，札録所注均是上述版本的卷第頁碼及正反面（上即正面，下即反面）。

《史記・秦本紀》：武王二年初，置丞相，樗里疾、甘茂爲左右丞相。勉案：此後時記相之任免。

另有一頁是讀《陔餘叢考》的摘録，先生也加有按語：

> 隋制從駕官帶妻子，《陔餘叢考》十七。勉案：《唐書・東夷傳》太宗征高麗時之言，則唐時不然。而李陵搜斬女子，則漢時士卒有攜婦女者。

《禮記・祭統》的「古者不使刑人守門」一句，吕先生不同意鄭玄的解釋，認爲此句是夾注摻入了正文，「然足證作記時使刑人守門了」，這是很精到的看法，至少可備一説，值得參考。秦時是否置「左右相」，先生頗有懷疑，故他在《秦漢史》裏説：「秦置兩相，其原不可考。《漢書注》引荀悦曰「秦本次國，命卿二人，是以置左右丞相」，億度無他證。然漢初但置一相，亦未聞其闕於事。」（《吕思勉全集》第四册《秦漢史》，第四四三頁）至於隨軍士卒攜帶妻女的問題，是先生很關注的一個問題（見《秦漢史》第三四五、四八四頁；《史籍選文評述》，《吕思勉全集》第十八册，第一二五頁)，只是没有深入討論，此處記録了兩條材料，倒可以給後人的研究提供線索。就此「職官」中的幾頁札録，便可見得《手稿叢刊》的學術價值了。札録中的資料，有些已是初步的匯總，如「刑法」中「王侯殺人及見殺於人」「復仇」等條，就有好幾頁資料；而「儒吏相輕」一條，幾乎已經是篇完整的史學札記的初稿了。這些未刊的札録，幾乎涵蓋了先生一生文史研究的各個方面。從抄寫的用紙來看，資料的抄録前後持續了五六十年。

如上所述，《手稿叢刊》只整理、影印了未刊札録中中國古代史的一部分，這部分札録共有四十六種，六十八包。現大致按照先生所做的分類爲題，將《手稿叢刊》編輯成四十册：

第一册：政治政體一
第二册：政治政體二、封建一
第三册：封建二
第四册：職官一
第五册：職官二
第六册：職官三
第七册：選舉一

第八册：選舉二、刑法一
第九册：刑法二
第十册：兵制、賦税一
第十一册：賦税二
第十二册：賦税三、財政附文具、文具
第十三册：實業、錢幣一
第十四册：錢幣二、幣價、社會
第十五册：階級
第十六册：移民、風俗、倫理道德
第十七册：心理生理生物遺傳、人物
第十八册：婦女、户口
第十九册：宗教、民族
第二十册：四裔（總）
第二十一册：四裔（東）、四裔（西）一

第二十二册：四裔（西）二
第二十三册：四裔（南）一
第二十四册：四裔（南）二、四裔（北）一
第二十五册：四裔（北）二
第二十六册：四裔（北）三、四裔（敵）、東史拾遺暨渤海女真史料
第二十七册：宗教一
第二十八册：宗教二
第二十九册：宗教三
第三十册：宗教四
第三十一册：宗教五
第三十二册：生計、地權
第三十三册：民食、飲食附烟、服飾、器用
第三十四册：宫室、火政
第三十五册：系世、系譜、名號名諱、禮

第三十六册：樂、喪禮喪服、葬埋堪輿一
第三十七册：葬埋堪輿二、地理一
第三十八册：地理二、水利、交通一
第三十九册：交通二
第四十册：紀年年代、曆法、天文曆法氣象

由於各類資料的數量有多寡，每册收録的種類及情況也不盡相同，各册的具體内容，詳見分册内的提要介紹。

張耕華

二〇二三年九月

第一册目録

政治政體一

政治政體一

政治政體提要

「政治政體」一類的札録，原有兩包，分别是「政治政體」和「政治（雜）」。其中「政治政體」一包，又分「政體（上）」「政治（中）」「政治（下）」「政治（剪報）」四札；「政治（雜）」一包，因數量較多，吕翼仁將它分爲二札。這兩包札録，大部分是吕先生從《孟子》《戰國策》《史記》《漢書》《後漢書》《舊唐書》《新唐書》及《資治通鑑》等史籍中摘出的資料，部分是讀《癸巳存稿》《東塾讀書記》以及《家族論》《社會科學史綱》等書籍的筆記。

吕先生的札録，天頭或紙角通常會標出類别名稱，多數札録也寫有題頭，如第二一頁「天子出行，放人令觀」，第四四頁「宣帝五日一朝」等。札録上的資料，或節録或剪貼史籍原文，或只在題頭下注明史書的篇名卷第，如第一頁「（宫室）便殿，鑒百六二7上」（即《資治通鑑》卷一六二第七頁正面），第五頁「禁駙馬與宰相往來，舊十六5下」（即《舊唐書》卷一六第五頁反面）。〔一〕有些札録先生還加有按語，如第二三頁「太上皇」條，「勉案：見秦始皇紀二十六年，以追尊已死者」。其他如第二四、三二頁等，都有長短不一的按語。

「政治政體」一包，也有不少剪報資料，此次整理只收録了一小部分；札録的手稿部分，均按原樣影印刊出。

〔一〕頁碼偶有筆誤，第一頁「天王謂天家之王（鑒百三十九8下）」，當爲「1上」。

（書經）君主謂天宗主（經說九頁）

（宗室）係族（經說六上[illegible]）

（宗教）宗教也　係崇奉主宰者　以宗為尊[illegible]（經說九上）

[illegible]

舊大通鑑八六〢止

補大又九五〥止

三家大又九六〦止

城路又九八〩止

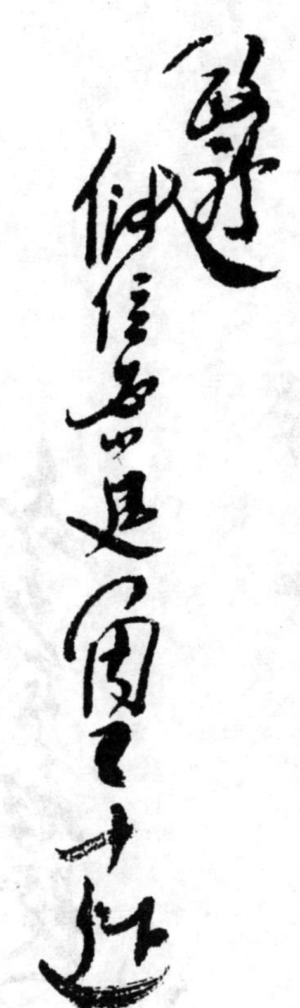

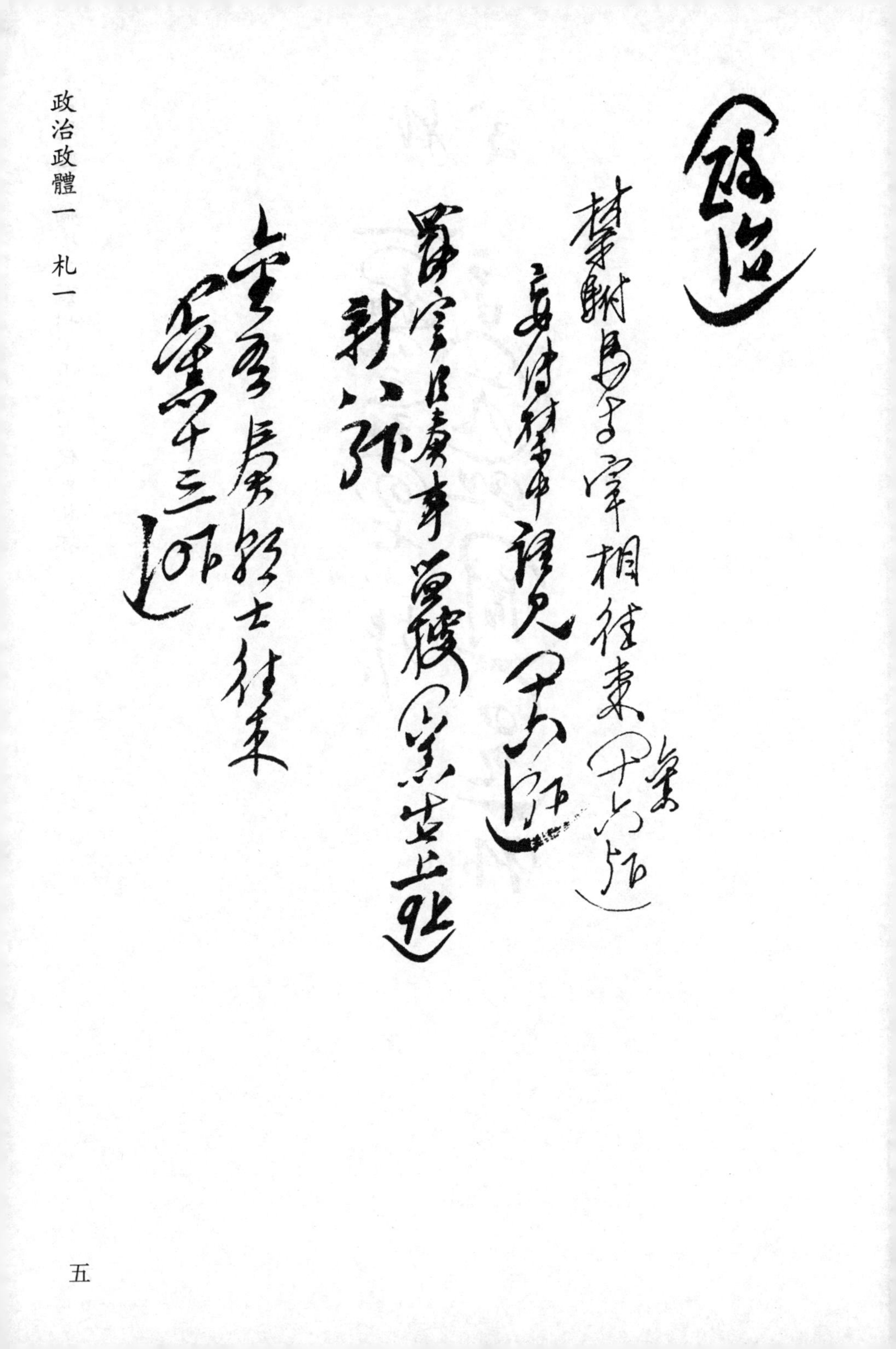

一（魏六二頁（一〇七）行

三（九）頁（周八一〇九）頁

孔文

北齊

文

如主の椅の脱作

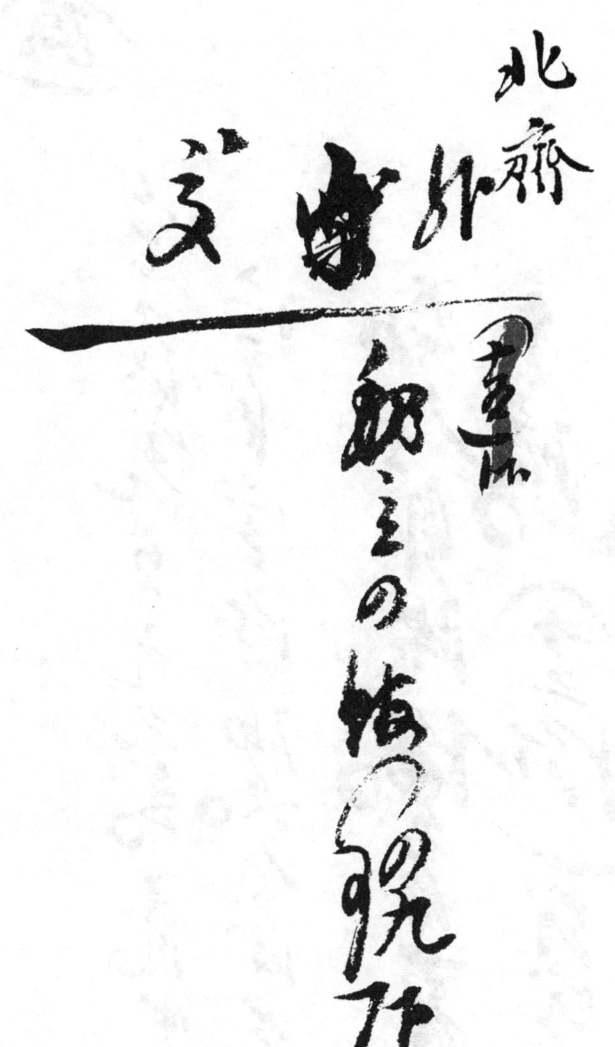

吳志孫權傳赤烏元年。三月甲寅，詔

六年自宣詳御史。令以[illegible]許

舉哀。人自除，備，[illegible]罪署

吏赴止。（十二頁）孫字（史上8上）

晉書石季龍載記：季龍廢勒子弘。羣臣已下勸其稱尊號。季龍下書曰：……朕聞道合乾坤者稱皇，德協人神者稱帝。皇帝之號非所敢聞。且可稱居攝趙天王。以副天人之望。……咸康三年，僭稱大趙天王。（注下略）追尊其祖為皇帝，父為太宗孝為天王皇后，子為天王皇太子

又姚興載記：興以日月薄蝕，災眚屢見，降號稱王。下書令羣公卿士、將牧、守宰，各降一等。（注下略）

又慕容盛載記：盛去皇帝之號，稱庶人天王。（注下略）

又苻堅載記：以升平元年，僭稱大秦天王。（注下略）

又石勒載記：……石季龍等奉皇帝璽綬，上尊號於勒，勒弗許。羣

[illegible]國語。勒乃以咸和五年僭號趙天王。行皇帝事。尊其祖邪曰宣王。父周曰元王。立其妻劉氏爲王后。世子弘爲太子。（晉紀）

……勒乃僭即皇帝位。……追尊其高祖曰順皇。曾祖曰威皇。祖曰宣皇。父曰世宗元皇帝。（晉紀）

天劉曜又遣其使人郭汜等持節署勒太宰。領大將軍。進爵趙王。增封七郡。并前二十郡。出入警蹕。冕十有二旒。乘金根車。駕六馬。如曹公輔漢故事。夫人爲王后。世子爲王太子。勒舍人曹平樂因使留仕於曜。言於曜曰。……曜大怒。追汜等還。斬脩於粟邑。

勒遣其左長史王脩獻捷於劉曜……停太宰之授。劉茂逃歸。言王脩死故。勒大怒。誅平樂三族。贈脩太常。又知停殊禮之授。怒甚。下令曰。孤兄弟之年劉家。人臣之道。至知着微而見勇。豈詐面稱朕哉。季龍勒之從子既父宋幼而之……趙王趙帝。而自取之。名號大小。豈其所節邪。

季龍以戎稱勒力者

石季龍與張敬張賓及諸將佐百餘人勸勒稱尊號。勒下書曰。忽猥以寡德。忝荷崇寵。夙夜戰惶。如臨深薄。豈可假尊竊號。取譏四方。昔周文以三分之重。猶服事殷朝。小白居一匡之盛。而尊崇周室。況國家道隆殷周。而德卑二伯哉。其亟止斯議。勿復紛紜。自今敢言。刑茲無赦。乃止。

石季龍及張敬張賓左右司馬張屈六程遐文武等一百二十九人上疏曰。……物望去劉氏。威懷於明公者。十分而九矣。……誠應升御中壇。即皇帝位。……請依劉備在蜀。魏王在鄴故事。以……合三

十四郡戶二十九萬爲趙國。封內依舊改爲內史。準禹貢魏武
復冀州之境。南[illegible]至盟津。西達龍門。東至于河。北至于塞垣。以大
單于鎮撫百蠻。罷并朔司三州。通置部司以監之。……臨時
太興二年。勒[illegible]僭稱趙王。……依春秋列國漢初侯王每世稱元。
改稱趙王元年。……署石季龍爲單于元輔。都督禁衛諸軍事。
……命記室佐明楷程機撰上黨國記。中大夫傅彪賈蒲江軌
撰大將軍起居注。參軍石泰石同石謙孔隆撰大單于志。自是
朝會常以天子禮樂享其羣下。臨時
又石季龍載記。勒即大單于趙王位。署爲單于元輔。都督禁衛諸
軍事。……及勒僭號。……季龍自以勳高一時。謂勒即位之後。

大單于安在乎。而要以撥其子弘。季記深根之。私請其子遂曰。〻〻〻國。大趙之業以新也。大單于之謚。實在於能。而撥黄吻軒變也。每一憶此。令人不復能寢食。侍[illegible]〔重上〕萬騎之役。不足以留種也。（記正）

大季請〻〻〻以其太子宣為大單于。遣太子護旗。（晉紀）宣死後主乃為皇太子。劉氏為皇后。（晉紀）

大異國儀以宰帝位。〻〻〻署其子大原王儀為大單于驃騎大將軍。以降胡一千配為麾[illegible]〔下光〕祿大夫書讀諫切甚。因覽之。乃與。〻〻誅讀及其子孫。閉攻襄國百餘日。石祗閉營死傷為土山地道。築室反耕。祗方懼。告皇帝之幾。倚趙王。遣使詣慕容儁

仲以為師。（錄注）　令石琨自冀州援祇，弋仲、襄、儁將軍悅綰
至閔師大敗，降胡栗特康等執冉胤及左僕射劉琦等送於祇。
盡殺之。（注）　閔既至龍城，斬於遏陘山。山左右七里草木悉枯。
蝗蟲大起，五月不雨，至於十二月。儁遣使者祀之，謚曰武悼天
王。其日大雪。（注上）
又苻健載記：健軍師將軍賈玄碩等表健為侍中大都督關中諸
軍事大單于秦王。健怒曰：我官位輕重，非若等所知。既而潛使
諷玄碩等使上尊號。永和七年，僭稱天王大單于。……立妻強氏
為天王后，子萇為天王皇太子。（十二背注）
又苻堅載記：以升平元年僭稱大秦天王。（十三面注）

又呂光載記。光〃〃〃〃以太元二十一年僭即天王位。(雜號上)光

病甚。立其太子紹為天王。自號太上皇帝。(紀)纂以隆安四年

〃〃〃僭即天王位。(紀)隆以安帝元興元年〃〃〃僭即天王位。

追尊父寶為文皇帝。母衛氏為皇太后。妻楊氏為皇后。(紀上)

又慕容雲載記。雲遂即天王位。復姓高氏。(雜下)

又赫連勃勃載記。義熙三年。僭稱天王大單于。(雜下)

官家。通鑑晉成帝咸康三年。邃私謂中庶子李顏等曰官家難

稱。吾欲行冒頓之事。卿從我乎。注。稱天子為官家始見於此。西

漢稱天子為縣官。東漢謂天子為國家。故兼而稱之。或曰五帝

官天下。三王家天下。故兼稱之。(九五下)

縣紀　郡紀　州紀　蕭紀。晉宋之間郡曰郡紀，州曰州紀，蕭西曰蕭

於宋武帝為宋王言事者為丁年時曰縣紀（通鑑宋孝武帝大明之年注（胡注））

帝大家。晉宋以來謂天子為大家（通鑑宋文帝元嘉十七年注（胡三省））江左恆稱

中為大家（又廿二年注（胡注））

大家。通鑑陳宣帝太建三年，齊琅邪王儼及斛律光入見帝，帝

帥宿衛……將出戰，光曰：小兒輩弄兵，與交手即亂。鄙諺

曰：奴見大家心死。至尊宜自至千秋門，琅邪必不敢動。大家語

蓋如救臣妾呼天子為大家，出此載（胡注）

中詔　手詔。詔自中出，不經門下者，謂之中詔，今之手詔是也（通鑑

宋文帝元嘉二十一年注（胡注））帝有所下，其為特出，帝從中書門下出者為敕。宋又

日亭秦斷之
事項（世陛级）

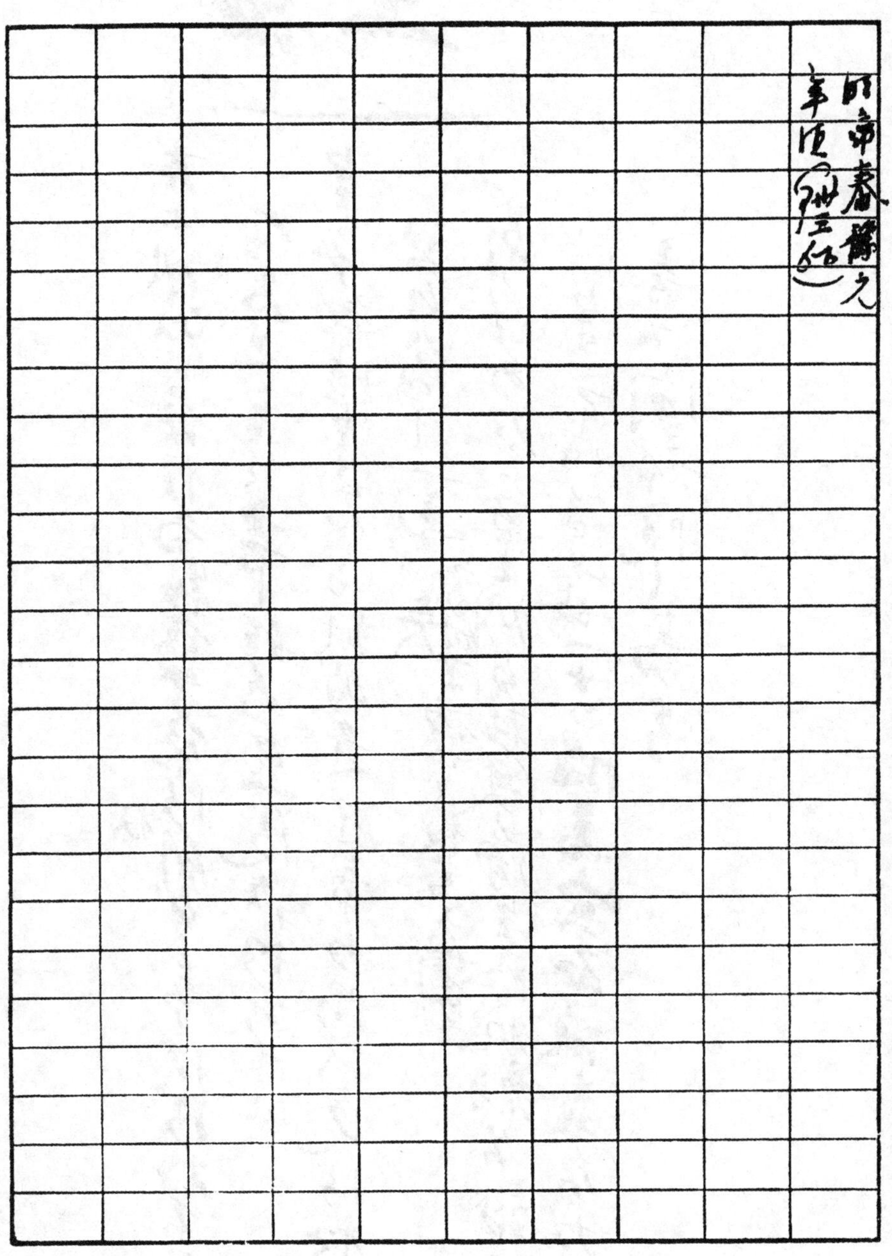

重禪

太上訓政，已往但爲稱號，其後則皇帝行之，以稱高宗之安

宋太上皇之帝，始自此一統，以權存

皇帝權，請皇太后訓政，是之，皇帝自此大權歸之

其後傳之一家之事矣

親政而太上皇仍自稱朕，諭旨稱敕，以（當時軍機大臣議奏無例）

於皇帝加以尊號一書，稱爲宗室皇帝，訓爲太上皇

言之，閣部院之敕旨

同治親政在十二年十八歲，光緒在十三年十六歲，先後皆以成年為親政之始。聞又援案親王等懇請皇帝親政之後仍為訓政，與前清習慣相符，又及十五年二帝夫歲乃親政焉

三代以～勇垂仰事

东垒擘出記三 陵谷山凡條

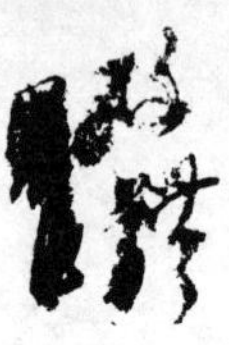

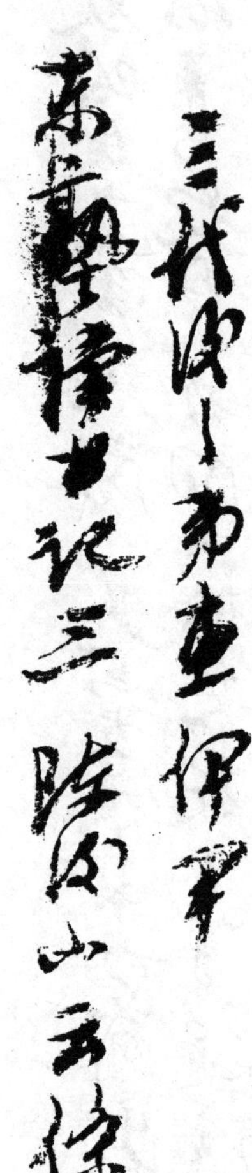

論政

「天下者衆人合成」

國家之繼統秉皇之」「仰古曰繼統也天

下者衆人合成

（政治上）

（梁紀元帝承聖元年）五月丁亥下令以王 6

傑出既死自餘衣冠舊族被逼偷生極士勳家

和光苟免一切不問（摘錄）

一 漢之羣臣上尊號，同於戰國諸王[illegible]稱帝，相[illegible]……

勉案[illegible]

諸侯及將相相與共請尊漢王爲皇帝漢王曰吾聞帝賢者有也空言虛語非所守也吾不敢當帝位羣臣皆曰大王起

微細誅暴逆平定四海有功者輒裂地而封爲王侯大王不尊號皆疑不信臣等以死守之漢王三讓不得已曰諸君必

以爲便便國家甲午【集解】徐廣曰月甲午乃即皇帝位汜水之陽【集解】蔡邕曰上古天子稱皇其次稱帝其次稱王秦承三王之末爲漢驅除自以德兼三皇五帝故并以爲號漢高祖受命功德宜

之因而不改【正義】汜音敷劒反括地志云高祖即位壇在曹州濟陰縣界張晏曰汜水在濟陰界取其汜愛弘大而潤下

史記高紀

名也於是諸侯上疏曰楚王韓信韓王信淮南王英布梁王彭越故衡山王吳芮張晏曰漢元年羽立芮爲衡山王後又奪之地謂之番君是以曰故趙王張敖

燕王臧荼昧死再拜言張晏曰秦以爲人臣上書當言昧死而言漢遂遵之大王陛下應劭曰陛者升堂之陛王者必有執兵陳於階陛之側羣臣與至尊言不敢指斥故呼在陛下者而告之因卑以達尊之意也

若今稱殿下閣下侍者執事皆此類也先時秦爲亡道天下誅之大王先得秦王定關中於天下功最多存亡定危救敗繼絕以安萬民功盛德

厚又加惠於諸侯王有功者使得立社稷地分已定而位號比儗亡上下之分師古曰言大王與臣等並稱王是爲比類相儗無尊卑之差別也儗分音扶問反大王

功德之著於後世不宣師古曰言位號不殊則功德之著明者不宣於後世也昧死再拜上皇帝尊號漢王曰寡人聞帝者賢者有也師古曰言賢德之人乃可有帝號

虛有亡實之名非所取也今諸侯王皆推高寡人將何以處之哉諸侯王皆曰大王起於細微滅亂秦威動海內又以辟陋之

地師古曰辟讀曰僻自漢中行威德誅不義立有功平定海內功臣皆受地食邑非私之也大王德施四海諸侯王不足以道之居帝

位甚實宜願大王以幸天下晉灼曰漢儀注民臣被其德以爲僥倖也師古曰倖者吉而免凶可慶幸也故福喜之事皆稱爲幸而死謂之不幸漢王曰諸侯王幸以爲便於天下之民

則可矣於是諸侯王及太尉長安侯臣綰等三百人師古曰綰盧綰也與博士稷嗣君叔孫通孟康曰稷嗣邑名謹擇良日二月甲午上尊號

漢王即皇帝位于汜水之陽張晏曰在濟陰界取其汜愛弘大而潤下也師古曰據叔孫通傳曰爲皇帝於定陶則此水在濟陰是也音敷劒反尊王后曰皇后太子曰皇太子追尊先

媪曰昭靈夫人

漢書高紀

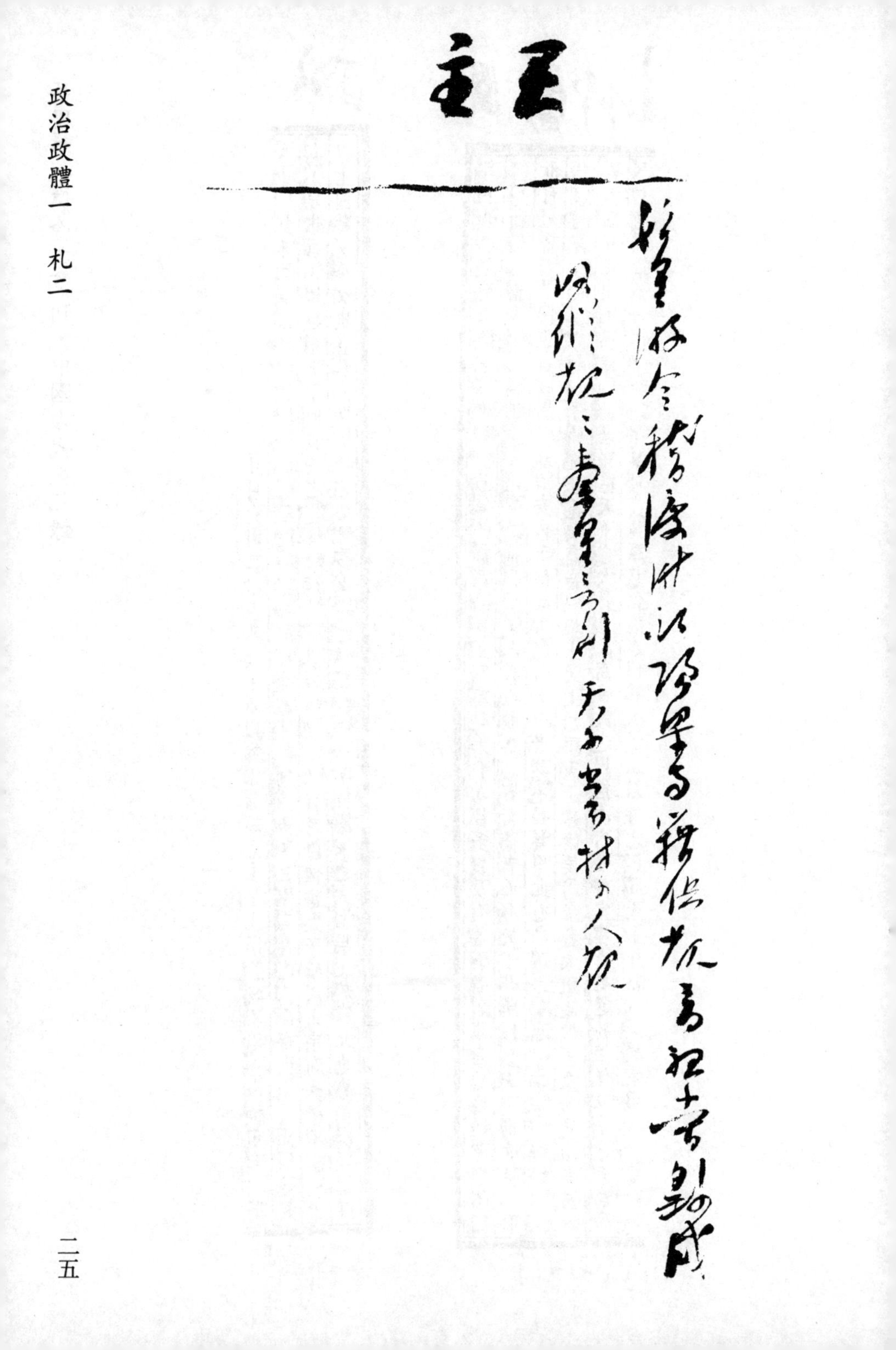

政

正月有司言曰蚤建太子所以尊宗廟請立太子上曰朕既不德上帝神明未歆享天下人民未有嗛志【索隱】嗛者不滿之意也未有嗛志言天下皆志不滿也漢書嗛作慊音愜今縱不能博求天下賢聖有德之人而禪天下焉而曰豫建太子是重吾不德也謂天下何其安之【索隱】言何以謂為天下也其發語也安者徐也言徐徐且待也有司曰豫建太子所以重宗廟社稷不忘天下也上曰楚王季父也春秋高閱天下之義理多矣【集解】如淳曰閱猶言多所更歷也明於國家之大體吳王於朕兄也惠仁以好德淮

民選体

南王弟也秉德以陪朕【集解】文穎曰陪輔也豈為不豫哉諸侯王宗室昆弟有功臣多賢及有德義者若舉有德以陪朕之不能終是社稷之靈天下之福也今不選舉焉而曰必子人其以朕為忘賢有德者而專於子非所以憂天下也朕甚不取也有司皆固請曰古者殷周有國治安皆千餘歲古之有天下者莫【不】長焉用此道也【索隱】言古之有天下者無長於立子故云莫長焉用此道者用殷周立子之道故安治千有餘歲也立嗣必子所從來遠矣高帝親率士大夫始平天下建諸侯為帝者太祖諸侯王及列侯始受國者皆亦為其國祖子孫繼嗣世世弗絕天下之大義也故高帝設之以撫海內今釋宜建而更選於諸侯及宗室非高帝之志也更議不宜【索隱】言不宜更別議子某最長純厚慈仁請建以為太子上乃許之因賜天下民當代父後者爵各一級【集解】韋昭

橋羣臣拜謁稱臣代王下拜太尉勃進曰願請間師古曰間容也猶今言中間也請容暇之頃當有所陳不欲於衆顯論也他皆類此宋昌曰所言公公言之所言私王者無私太尉勃乃跪上天子璽代王謝曰至邸而議之師古曰郡國朝宿之舍在京師者率名邸邸至也言所歸至也音丁禮反他皆類此閏月己酉入代邸○劉攽曰己酉去誅諸呂三十七日矣羣臣從至上議曰丞相臣平太尉臣勃大將軍臣武服虔曰柴武御史大夫臣蒼文穎曰張蒼宗正臣郢文穎曰劉郢朱虛侯臣章東牟侯臣興居典客臣揭蘇林曰劉揭也師古曰揭音竭再拜言大王足下子弘等皆非孝惠皇帝子師古曰不詳其有爵位故總謂之子○宋祁曰注文不詳南本作不許爲長若云不詳其有爵位則高后元年已封三王二侯而弘又非帝非不詳也不當奉宗廟臣謹請陰安侯蘇林曰高帝兄伯妻羹頡侯母丘嫂也晉灼曰若蕭何夫人封爲酇侯也頃王后蘇林曰高帝兄仲妻也仲名喜爲代王後廢爲郃陽侯子濞爲吳王故追謚爲頃王如淳曰王子侯表曰郃陽侯喜以子濞爲王追謚爲頃王頃王后封陰安侯時呂嬃爲林光侯蕭何夫人亦爲酇侯又宗室侯表此時無陰安侯安知其爲頃王后也案漢祠令陰安侯高帝嫂也師古曰諸謚爲頃者漢書例作頃字讀皆曰傾琅邪王文穎曰劉澤也列侯吏二千石議大王高皇帝子宜爲嗣願大王卽天子位代王曰奉高帝宗廟重事也寡人不佞師古曰不佞不材也不足以稱師古曰稱副也音尺孕反其下皆同願請楚王計宜者蘇林曰楚王名交高帝弟也寡人弗敢當羣臣皆伏固請代王西鄉讓者三南鄉讓者再如淳曰讓羣臣也或曰賓主位東西面君臣位南北面故西鄉坐三讓不受羣臣猶稱宜乃更南鄉坐示變卽君位之漸也師古曰鄉讀曰嚮丞相平等皆曰臣伏計之大王奉高祖宗廟最宜稱雖天下諸侯萬民皆以爲宜臣等爲宗廟社稷計不敢忽師古曰忽怠忘也○劉攽曰忽言輕易也願大王幸聽臣等臣謹奉天子璽符再拜上代王曰宗室將相王列侯以爲其宜寡人寡人不敢辭遂卽天子位羣臣以次侍師古曰各依職位使太僕嬰東牟侯興

漢書文紀

三年也初武爲淮陽王十年而梁王勝卒謚爲梁懷王懷王最少子愛幸異於他子其明年徙淮陽王武爲梁王梁王之初王梁孝文帝之十二年也梁王自初王通歷已十一年矣【索隱】謂自文帝二年初封代後徙淮陽又徙梁通數文帝二年至十二年爲十一年也梁王十四年入朝十七年十八年比年入朝留其明年乃之國二十一年入朝二十二年孝文帝崩二十四年入朝二十五年復入朝是時上未置太子也上與梁王燕飲嘗從容言曰千秋萬歲後傳於王王辭謝雖知非至言然心內喜太后亦然其春

侍政 [illegible]

吳楚齊趙七國反 [illegible]

二十九年十月梁孝王入朝景帝使使持節乘輿駟馬迎梁王於關下【集解】鄧展曰但將駟馬往瓚曰稱乘輿駟馬則車馬皆往言不駕六馬耳天子副車駕駟馬既朝上疏因留以太后親故王入則侍景帝同輦出則同車游獵射禽獸上林中梁之侍中郎謁者著籍引出入天子殿門與漢宦官無異【正義】著竹略反籍謂名簿也若今通引出入門也十一月上廢栗太子竇太后心欲以孝王爲後嗣大臣及袁盎等有所關說於景帝【索隱】袁盎云漢家法周道立子是有所關涉之說於帝也一云關者隔也引事而關隔其說不得行也竇太后議格【集解】如淳曰攱閣不得下【索隱】張晏云格止也服虔云格謂格閣不行蘇林音閣周成雜字攱閣也通俗文云高置立攱棚云攱閣字林音紀又音詭也亦遂不復言以梁王爲嗣事由此以事秘世莫知乃辭歸國其夏四月上立膠東王爲太子梁王怨袁盎及議臣乃與羊勝公孫詭之屬陰使人刺殺袁盎及他議臣十餘人逐其賊未得也於是天子意梁王【索隱】謂意疑梁刺之逐賊果梁使之乃遣使冠蓋相望於道覆按梁捕公孫詭羊勝公孫詭羊勝匿王後宮使者責二千石急梁相軒邱豹及內史韓安國進諫王【正義】姓軒邱名豹也王乃令勝詭皆自殺出之上由此怨望於梁王梁王恐乃使韓安國因長公主謝罪太后然後得釋上怒稍解因上書請朝既至關茅蘭說王【集解】駰案漢書音義曰茅蘭孝王臣使乘布車【集解】張晏曰布車降服自比喪人從兩騎入匿於長公主園漢使使迎王王已入關車騎盡居外不知王處太后泣曰帝殺吾子景帝憂恐於是梁王伏斧質於闕下謝罪然後太后景帝大喜相泣復如故悉召王從官入關然景帝益疏王不同車輦矣

乾隆四年校刊

史記卷五十八 梁孝王 世家

四十四

褚先生曰臣爲郎時聞之於宮殿中老郎吏好事者稱道之也竊以爲令梁孝王怨望欲爲不善者事從中生今太后女主也以愛少子故欲令梁王爲太子大臣不時正言其不可狀阿意治小私說意以受賞賜非忠臣也齊如魏其侯竇嬰之正言也【索隱】竇嬰袁盎皆言如周家立子不合立弟何以有後禍景帝與王燕見侍太后飲景帝曰千秋萬歲之後傳王太后喜說竇嬰在前據地言曰漢法之約傳子適孫今帝何以得傳弟擅亂高帝約乎於是景帝默然無聲太后意不說故成王與小弱弟立樹下取一桐葉以與之曰吾用封汝周公聞之進見曰天王封弟甚善成王曰吾直與戲耳周公曰人主無過舉不當有戲言言之必行之於是乃封小弟以應縣【索隱】此說與晉世家不同事與封叔虞同彼云封唐此云封應應亦成王之弟或別有所見故不同【正義】括地志云故應城故應鄉也在汝州魯山縣東四十里呂氏春秋云成王戲削桐葉爲圭以封叔虞非應侯也又汲冢古文云殷時已有應國非成王所造也是後成王沒齒不敢有戲言言必行之孝經曰非法不言非道不行此聖人之法言也今主上不宜出好言於梁王梁王上有太后之重驕蹇日久數聞景帝好言千秋萬世之後傳王而實不行又諸侯王朝見天子漢法凡當四見耳始到入小見到正月朔旦奉皮薦璧玉賀正月法見後三日爲王置酒賜金錢財物後二日復入小見辭去凡留長安不過二十日小見者燕見於禁門內飲於省中非士人所得入也今梁王西朝因留且半歲入與人主同輦出與同車示風以大言而實不與令出怨言謀畔逆乃隨而憂之不亦遠乎非大賢人不知退讓今漢之儀法朝見賀正月者常一王與四侯俱朝見十餘歲一至今梁王常比年

入朝見久留鄙語曰驕子不孝非惡言也故諸侯王當爲置良師傅相忠言之士如汲黯韓長孺等敢直言極諫安得有患害蓋聞梁王西入朝謁竇太后燕見與景帝俱侍坐於太后前語言私說太后謂帝曰吾聞殷道親親周道尊尊其義一也【索隱】殷人尚質親親謂親其弟而授之周人尚文尊尊謂尊祖之正體故立其子尊其祖也安車大駕用梁孝王爲寄景帝跪席舉身曰諾罷酒出帝召袁盎諸大臣通經術者曰太后言如是何謂也皆對曰太后意欲立梁王爲帝太子帝問其狀袁盎等曰殷道親親者立弟周道尊尊者立子殷道質質者法天親其所親故立弟周道文文者法地尊者敬也敬其本始故立長子周道太

子死立適孫殷道太子死立其弟帝曰於公何如皆對曰方今漢家法周周道不得立弟當立子故春秋所以非宋宣公宋宣公死不立子而與弟弟受國死復反之與兄之子弟之子爭之以爲我當代父後即刺殺兄子以故國亂禍不絕故春秋曰君子大居正宋之禍宣公爲之臣請見太后白之袁盎等入見太后太后言欲立梁王梁王即終欲誰立太后曰吾復立帝子袁盎等以宋宣公不立正生禍禍亂後五世不絕小不忍害大義狀報太后太后乃解說即使梁王歸就國而梁王聞其議出於袁盎諸大臣所怨望使人來殺袁盎袁盎顧之曰我所謂袁將軍者也公得毋誤乎刺者曰是矣刺之置其劍劍著身視其劍新治問長安中削厲工工曰梁郎某子來治此劍（索隱謂梁國之郎是孝王官屬某子史失其姓名也）以此知而發覺之發使者捕逐之獨梁王所欲殺大臣十餘人文吏窮本之謀反端頗見

民彝

臣賀等議【正義】公孫賀古者裂地立國並建諸侯以承天子所以尊宗廟重社稷也今臣去病上疏不忘其職因以宣恩乃
道天子卑讓自貶以勞天下慮皇子未有號位臣青翟臣湯等宜奉義遵職愚憧而不逮事方今盛夏吉時臣青翟臣
湯等昧死請立皇子臣閎【集解】徐廣曰一作闕臣旦臣胥為諸侯王昧死請所立國名制曰蓋聞周封八百姬姓並列或子男附
庸禮支子不祭云並建諸侯所以重社稷朕無聞焉且天非為君生民也【索隱】傳曰天生蒸民立君以司牧之是言生人為立君長司牧之耳非天為君而生人也
朕之不德海內未洽乃以未教成者彊君連城即股肱何勸【集解】徐廣曰一作歡一作勗一作觀也【索隱】謂皇子等並未習教義也皇子未習教義而彊使為諸侯王君以連城
之人則大臣何有所勸其更議以列侯家之三月丙子奏未央宮丞相臣青翟御史大夫臣湯昧死言臣謹與列侯臣嬰齊中二
千石二千石臣賀諫大夫博士臣安等議曰伏聞周封八百姬姓並列奉承天子康叔以祖考顯而伯禽以周公立咸
為建國諸侯以相傳為輔百官奉憲各遵其職而國統備矣竊以為並建諸侯所以重社稷者四海諸侯各以其職奉
貢祭支子不得奉祭宗祖禮也封建使守藩國帝王所以扶德施化陛下奉承天統明開聖緒尊賢顯功興滅繼絕續
蕭文終之後於酇【索隱】蕭何謚文終也蕭何初封沛之酇音贊後其子續封南陽之酇音嵯也褒厲羣臣平津侯等【索隱】公孫弘也封平津侯也平津高成之鄉名【正義】公孫弘所封平津鄉在滄州鹽
山南四十一里也昭六親之序明天施之屬使諸侯王封君得推私恩分子弟戶邑錫號尊建百有餘國【索隱】武帝廣推恩之詔分王諸侯王子弟故有
百餘國而家皇子為列侯則尊卑相踰【索隱】謂諸侯王子已為列侯而今又家皇子為列侯是尊卑相踰越矣列位失序不可以垂統於萬世臣請立臣閎【索隱】
齊王也王夫人子臣旦【索隱】燕王也漢書云李姬之子臣胥【索隱】廣陵王也為諸侯王三月丙子奏未央宮制曰康叔親屬有十而獨尊者褒有德也周
公祭天命郊故魯有白牡騂剛之牲【集解】駰案公羊傳曰魯祭周公牲用白牡魯公用騂剛何休曰白牡殷牲也騂剛赤脊周牲也羣公不毛【集解】何休曰不毛不純色也賢不肖差
也高山仰止景行嚮之朕甚慕焉所以抑未成家以列侯可四月戊寅奏未央宮丞相臣青翟御史大夫臣湯昧死言臣

史記三王世家

皆儒家言附義

婁敬說曰陛下都洛陽豈欲與周室比隆哉上曰然婁敬曰陛下取天下與周室異周之先自后稷堯封之邰〔正義〕邰音胎雍州武功縣西南二十三里故斄城是也說文云邰炎帝之後姜姓所封國弃外家也毛萇云邰姜嫄國堯見天因邰而生后稷故因封於邰也積德累善十有餘世公劉避桀居豳大王以狄伐故去豳杖馬箠居岐〔集解〕張晏曰杖馬箠示約國人爭隨之及文王爲西伯斷虞芮之訟始受命吕望伯夷自海濱來歸之〔正義〕吕望宅及廟在蘇州海鹽縣西也伯夷孤竹國在平州皆濱東海也武王伐紂不期而會孟津之上八百諸侯皆曰紂可伐矣遂滅殷成王即位周公之屬傅相焉迺營成周洛邑〔正義〕括地志云故王城一名河南城本郟鄏周公所築在洛州河南縣北九里苑中東北隅帝王紀云武王伐紂營洛邑而定鼎焉按此即營都城也書云乃營成周括地志云洛陽故城在洛州洛陽城東二十六里周公所築即成周城也尚書曰成周既成遷殷頑民帝王世紀云居邶鄘之衆按劉敬說周之美豈言居頑民之所以此而論漢書非也以此爲天下之中也諸侯四方納貢職道里均矣有德則易以王無德則易以亡凡居此者欲令周務以德致人不欲依阻險令後世驕奢以虐民也及周之盛時天下和洽四夷鄉風慕義懷德附離而並事天子〔集解〕駰案莊子曰附離不以膠漆也〔索隱〕案謂使離者相附也不屯一卒不戰一士八夷大國之民莫不賓服效其貢職及周之衰也分而爲兩〔正義〕公羊傳云東周者何成周也西周者何王城也按周自平王東遷以下十二王皆都王城至敬王乃遷都成周王赧又居王城也天下莫朝周不能制也非

案劉敬此說蓋不知兼留地勢之都者下

東周以後　史記劉敬叔孫通列傳

安以后父封桑樂侯食邑千五百戶遷車騎將軍日以驕淫受賜殿中出對賓客言與我婿飲大樂見其服飾使人歸欲自燒物安醉則裸行內與後母及父諸良人侍御皆亂師古曰良人謂妻也侍御則嬪嬖矣子病死仰而罵天數守大將軍光爲丁外人求侯師古曰守求請之及桀欲妄官祿外人師古曰不由材德故云妄光執正皆不聽又桀妻父所幸充國爲太醫監闌入殿中下獄當死冬月且盡蓋主爲充國入馬二十匹贖罪迺得減死論於是桀安父子深怨光而重德蓋主知燕王旦帝兄不得立亦怨望桀安即記光過失予燕王令上書告之又爲丁外人求侯燕王大喜上書稱子路喪姊朞而不除孔子非之子路曰由不幸寡兄弟不忍除之師古曰事見禮記由子路之名故曰觀過知仁師古曰論語云孔子曰人之過也各於其黨觀過斯知仁矣引此言者謂子路厚於骨肉難違禮制是其仁愛今臣與陛下獨有長公主爲姊陛下幸使丁外人侍之外人宜蒙爵號書奏上以問光光執不許及告光罪過上又疑之

乾隆四年校刊

前漢書卷九十七上　列傳　三十八

愈親光而疏桀安桀安寖恚師古曰寖漸也遂結黨與謀殺光誘徵燕王至而誅之因廢帝而立桀或曰當如皇后何安曰逐麋之狗當顧菟邪師古曰言所求者大不顧小也且用皇后爲尊一旦人主意有所移雖欲爲家人亦不可得師古曰家人言凡庶匹夫此百世之一時也事發覺

民義

上方用刑法信任中尙書宦官寬饒奏封事曰方今聖道寖廢儒術不行（師古曰寖漸也）以刑餘爲周召（師古曰言使奄人當權軸也周謂周公旦也召謂召公奭也召

是時

乾隆四年校刊　前漢書卷七十七蓋寬饒列傳　二十六

讀曰邵）以法律爲詩書（師古曰言以刑法成教化也）又引韓氏易傳言五帝官天下三王家天下家以傳子官以傳賢若四時之運功成者去不得其人則不居其位書奏上以寬饒怨謗終不改下其書中二千石時執金吾議以爲寬饒指意欲求禪大逆不道（師古曰禪古字言欲使天子傳位於己）諫大夫鄭昌愍傷寬饒忠直憂國以言事不當意而爲文吏所詆挫（師古曰詆毀也挫折也）上書頌寬饒曰（師古曰頌謂稱其美○劉奉世曰頌讀如尙書自訟之訟）臣聞山有猛獸藜藿爲之不采國有忠臣姦邪爲之不起司隸校尉寬饒居不求安食不求飽（師古曰論語稱孔子曰君子食無求飽居無求安故引之也）進有憂國之心退有死節之義上無許史之屬下無金張之託（應劭曰許伯宣帝皇后父史高宣帝外家也金金日磾也張張安世也此四家屬無不聽師古曰此說非也許氏史氏有外屬之恩金氏張氏自託在於近狎也屬讀如本字也○宋祁曰注末也字當刪）職在司察直道而行多仇少與（師古曰仇怨讎也與黨與也）上書陳國事有司劾以大辟臣幸得從大夫之後官以諫爲名不敢不言上不聽遂下寬饒吏寬饒引佩刀自剄北闕下衆莫不憐之

字以明經為議郎至符節令孝昭元鳳三年正月泰山萊蕪山南匈匈有數千人聲民視之有大石自立高丈五尺大四十八圍入地深八尺三石為足石立後有白烏數千下集其旁是時昌邑有枯社木臥復生 師古曰社木社主之樹也 又上林苑中大柳樹斷枯臥地亦自立生有蟲食樹葉成文字曰公孫病已立孟推春秋之意以為石柳皆陰類下民之象泰山者岱宗之嶽王者易姓告代之處今大石自立僵柳復起 師古曰僵偃也偃臥於地音居羊反○宋祁云象字下疑有而字 非人力所為此當有從匹夫為天子者枯社木復生故廢之家公孫氏當復興者也孟意亦不知其所在即說曰先師董仲舒有言雖有繼體守文之君不害聖人之受命漢家堯後有傳國之運漢帝宜誰差天下求索賢人 孟康曰誰問差擇也問擇天下賢人 禪以帝位 師古曰禪古禪字也 而退自封百里如殷周二王後以承順天命孟使友人內官長賜上此書 師古曰內官署名百官表云內官長丞初屬少府中屬主爵後屬宗正賜者其長之名 時昭帝幼大將軍霍光秉政惡之下其書廷尉奏賜孟妄設祆言惑衆大逆不道皆伏誅後五年孝宣帝興於民間即位徵孟子為郎

丹而尊傅太后

都尉使護河隄初成帝時齊人甘忠可詐造天官歷包元太平經十二卷以言漢家逢天地之大終當更受命於天天帝使眞人赤精子下教我此道忠可以教重平夏賀良容丘丁廣世 服虔曰重平勃海縣也師古曰容丘東海縣也 東郡郭昌等中壘校尉劉向奏忠可假鬼神罔上惑衆下獄治服未斷病死賀良等坐挾學忠可書以不敬論後賀良等復私以相教哀帝初立司隸校尉解光亦以明經通災異得幸白賀良等所挾忠可書事下奉車都尉劉歆歆以為不合五經不可施行而李尋亦好之光曰前歆父向奏忠可下獄歆安肯通此道時郭昌為長安令勸尋宜助賀良等尋遂白賀良等皆待詔黃門數召見陳說漢歷中衰當更受命成帝不應天命故絕嗣今陛下久疾變異屢數 師古曰數音所角反 天所以譴告人也宜急改元易號乃得延年益壽皇子生災異息矣得

乾隆四年校刊　前漢書卷七十五　列傳　十九

道不得行咎殃且亡 師古曰言知道不能行之必有殃咎將至滅亡○宋祁曰下得字可刪劉敞曰得道不得行下得字衍 不有洪水將出災火且起滌盪民人哀帝久寢疾幾其有益 師古曰幾讀曰冀 遂從賀良等議於是詔制丞相御史○劉敞曰當云制詔 蓋聞尚書五曰考終命 師古曰周書洪範五福之數也言得壽考而終其命也○宋祁曰南本浙本命字上有厥字 言大運壹終更紀天元人元考文正理推歷定紀數如甲子也朕以眇身入繼太祖承皇天總百僚子元元未有應天心之效即位出入三年災變數降日月失度星辰錯謬高下貿易 師古曰言山崩川竭也 大異連仍盜賊並起 師古曰仍頻也○宋祁曰連字一本作逆字 朕甚懼焉戰戰兢兢唯恐陵夷 師古曰陵夷漸滅亡也 惟漢至今二百載歷紀開元皇天降非材之右漢國再獲受命之符 師古曰右讀曰祐祐助也帝自

言不可得天賦也○宋祁曰漢字下疑有與字今字上疑有于字朕之不德曷敢不通夫受天之元命必與天下自新其大赦天下以建平二年為太初元年號曰陳聖劉太平皇帝漏刻以百二十為度布告天下使明知之後月餘上疾自若師古曰自若言如故也賀良等復欲妄變政事大臣爭以為不可許賀良等奏言大臣皆不知天命宜退丞相御史以解光李尋輔政上以其言亡驗遂下賀良等吏而下詔曰朕獲保宗廟為政不德變異屢仍恐懼戰栗未知所繇師古曰繇讀與由同待詔賀良等建言改元易號增益漏刻可以永安國家朕信道不篤過聽其言幾為百姓獲福師古曰幾讀曰冀卒無嘉應久旱為災以問賀良等對當復改制度皆背經誼違聖制不合時宜夫過而不改是為過矣○宋祁曰為字當作謂六月甲子詔書非赦令也皆蠲除之師古曰唯赦令不改餘皆除之賀良等反道惑衆姦態當窮竟皆下獄光祿勳平當光祿大夫毛莫如與御史中丞廷尉雜治當賀良等執左道亂朝政師古曰當謂處正其罪名傾覆國家誣罔主上不道賀良等皆伏誅尋及解光減死一等徙敦煌郡

初玄成兄弘爲太常丞職奉宗廟典諸陵邑煩劇多罪過父賢以弘當爲嗣故勑令自免師古曰恐其有罪見黜妨爲繼嗣故令以病去官也弘懷謙不去官師古曰謂若欲代父爲侯故避嫌不肯也及賢病篤弘竟坐宗廟事繫獄罪未決室家問賢當爲後者賢恚恨不肯言於是賢門下生博士義倩等與宗家計議師古曰博士姓義名倩也宗家賢之同族也倩音千見反共矯賢令矯託也使家丞上書言大行師古曰爲文書於大行以言其事也以大河都尉玄成爲後賢薨玄成在官聞喪○宋祁曰越本及別本作在官或作任官又言當爲嗣玄成深知其非賢雅意卽陽爲病狂臥便利妄笑語昏亂師古曰便利大小便○宋祁曰笑作咲注文大小便下有也字徵至長安既葬當襲爵以病狂不應召大鴻臚奏狀章下丞相御史案驗玄成素有名聲士大夫多疑其欲讓爵辟兄者師古曰辟讀曰避案事丞相史迺與玄成書師古曰卽案驗玄成事者曰古之辭讓必有文義可觀故能垂榮於後今子獨壞容貌蒙恥辱爲狂癡光曜晻而不宣師古曰晻讀與暗同微哉子之所託名也李奇曰名聲名也僕素愚陋過爲宰相執事師古曰過猶謬也願少聞風聲不然恐子傷高而僕爲小人也○宋祁曰子字下疑有之字玄成友人侍郎章亦上疏言聖王貴以禮讓爲國宜優養玄成勿枉其志師古曰枉屈也使得自安衡門之下師古曰衡門謂橫一木於門上貧者之所居也而丞相御史遂以玄成實不病劾奏之有詔勿劾引拜玄成不得已受爵○宋祁曰受字下疑有侯字宣帝高其節以玄成爲河南太守兄弘太山都尉遷東海太守數歲玄成徵爲未央衛尉遷太常坐與故平通侯楊

民之

漢谷永

身雖在外其心常當忠篤而在王室臣永幸得給事中出入三年雖執干戈守邊垂思慕之心常存于省闥是以敢越郡吏之職陳累年之憂臣聞天生蒸民不能相治師古曰蒸衆也為立王者以統理之方制海內非為天子列土封疆非為諸侯皆以為民也垂三統列三正去無道開有德不私一姓明天下迺天下之天下非一人之天下也王者躬行道德承順天地博愛仁恕恩及行葦師古曰詩大雅行葦之篇曰敦彼行葦牛羊勿踐履言政化所及仁道霑被雖草木至賤無所殘傷籍稅取民不過常法宮室車服不踰制度事節財足黎庶和睦則卦氣理效五徵時序百姓壽考庶屮蕃滋師古曰庶衆也屮古草字也蕃多也音扶元反符瑞並降以昭保右師古曰保安也右助也言為天所安助也右讀曰佑失道妄行逆天暴物窮奢極欲湛湎荒淫師古曰湛讀曰沈婦言是從誅逐仁賢離逖骨肉羣小用事師古曰逖遠也峻刑重賦百姓愁怨則卦氣悖亂咎徵著郵師古曰悖乖也郵字與尤同尤過也悖音布內反上天震怒災異婁降日月薄食五星失行山崩川潰水泉踊出妖孽並見茀星耀光師古曰茀與孛同音步內反饑饉荐臻百姓短折萬物夭傷終不改寤惡洽變備不復譴告更命有德詩云乃眷西顧此惟予宅師古曰大雅皇矣之詩也言天以殷紂為惡不變乃眷然西顧見文王之德而與之宅居也夫去惡奪弱遷命賢聖天地之常經百王之所同也加以功德有厚薄期質有脩短時世有中季天道有盛衰師古曰中讀曰仲陛下承八世之功業當陽數之標季孟康曰陽九之末季也師古曰標音必遙反涉三七之節紀孟康曰至平帝乃三七二百一十歲之厄今已涉向其節紀遭无妄之卦運應劭曰天必先雲而後雷雷而後雨而今無雲而雷无妄者無所望也萬物无所望於天災異之最大者也師古曰取易之无妄卦為義直百六之災阸師古曰阸直當也三難異科雜為同會師古曰雜謂相參也一曰雜音先合反雜為總萃猥建始元年以來二十載間羣災大異交錯鋒起多於春秋所書八世著記久不塞除李奇曰高祖以來至元帝著記災異未塞除也重以今年正月已亥朔日有食之師古曰重音直用反三朝之會師古曰歲月日三者之始故云三朝四月丁酉四方衆星白晝流隕七月辛未彗星橫天乘三難

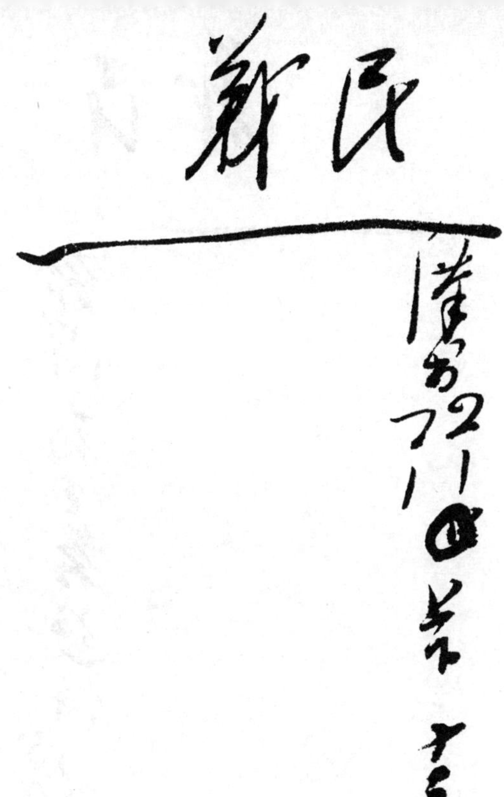

雜記 一

鄧惲勤五蓋遂住 19 59 18

清河王太傅轅固生者齊人也以治詩孝景時爲博士與黃生爭論景帝前黃生曰湯武非受命乃弒也轅固生曰不然夫桀紂虐亂天下之心皆歸湯武湯武與天下之心而誅桀紂桀紂之民不爲之使而歸湯武湯武不得已而立非受命爲何黃生曰冠雖敝必加於首履雖新必關於足何者上下之分也今桀紂雖失道然君上也湯武雖聖臣下也夫主有失行臣下不能正言匡過以尊天子反因過而誅之代立踐南面非弒而何也轅固生曰必若所云是高帝代秦即天子之位非邪於是景帝曰食肉不食馬肝[正義論衡云氣熱而毒盛故食馬肝殺人又盛夏馬行多渴死殺氣爲毒也]不爲不知味言學者無言湯武受命不爲愚遂罷是後學者莫敢明受命放殺者

政體

帝欲不諦

水經淇水注清河之右有李雲墓雲字行祖甘陵人好學善陰陽舉孝廉遷白馬令中常侍單超等立掖庭民女亳氏為后后家封者四人賞賜巨萬雲上書移副三府曰孔子云帝者諦也今尺一拜用不經御省是帝欲不諦乎帝怒下獄殺之

政治

前漢書卷六　武帝紀　元狩元　二十二

賜民爲父後者一級詔曰朕聞咎繇對禹曰在知人知人則哲惟帝難之師古曰尚書咎繇謨之辭也帝謂堯也蓋君者心也民猶支體支體
傷則心憯怛師古曰憯痛也怛悼也憯音千感反怛音丁曷反日者淮南衡山脩文學流貨賂兩國接壤怵於邪說服虔曰怵音裔應劭曰怵誘也如淳曰怵音怵惕見誘怵於邪說也
師古曰作試者非如說云見誘怵是也而音怵惕又非也怵或體訹字耳訹者誘也音如戌亥之戌南越傳曰不可怵好語入朝諸如此例音義同耳今俗猶云相謏訹而說者或改爲鉥導之鉥蓋穿鑿也謏音先誘反鉥音述而造篡弒
此朕之不德詩云憂心慘慘念國之爲虐師古曰小雅正月之詩也慘慘憂戚之貌已赦天下滌除與之更始朕嘉孝弟力田哀夫老眊孤寡鰥獨
師古曰眊古耄字八十曰耄耄老稱也一曰眊不明之貌或匱於衣食甚憐愍焉其遣謁者巡行天下存問致賜師古曰致送至也行音下更反曰皇帝使謁者師古曰謁者令使者
之文賜縣三老孝者帛人五匹鄉三老弟者力田帛人三匹年九十以上及鰥寡孤獨帛人二匹絮三斤八十以上米人三
石有冤失職使者以聞師古曰職常也失職者失其常業及常理也縣鄉即賜毋贅聚如淳曰贅會也令勿擅徵召贅聚三老孝弟力田也師古曰即就也各遣就其所居而賜之勿令會聚也贅音之銳反五

宣帝一朝

孝昭幼冲霍光秉政承奢侈師旅之後海内虚耗光因循守職無所改
作至於始元元鳳之間匈奴鄉化師古曰鄉讀曰嚮百姓益富舉賢良文學問民所疾苦於是罷酒榷而議鹽鐵矣及至孝宣繇仄陋
而登至尊師古曰仄古側字仄陋言非正統而身經微賤也繇與由同以下類此興于閭閻師古曰閭里門也閻里中門也言從里巷而即大位也知民事之艱難自霍光薨後始躬萬機
厲精爲治五日一聽事

漢書循吏傳

政治

國家之初。皆為出益及收利防敵

國家為為階級的。兩階級衝突國家緩和之創出一使歷自合法化和文化之秩序　經濟上之支配階級以為國家乃成政治上之支配階級

國家之廢。直至社會之代表者後所以抑壓者則國家廢矣此時也以管理事物代支配人國家自然滅之

執行權力與立法權力之分離。凡資產階級之國議會多不直接施行政治行政由行政司法軍事等機關此等機關多人民均不直接負責而多人民只能等候其程

此執行權力即一切階級國家所共有之權力　隨一階級

競爭之尖銳化(二)各國競爭之激化而次第陷大帝國主義時

代爭競矣

資產階級政權之基礎也不在議會而在其執行權力　五部

内閣元帥本部　議會以口舌欺民而已

資產階級議員之動不受人民利益束縛

選舉不公平　姑勿論財產制限年齡選舉日休息之缺[illegible]

選權自然的使

買得選舉於資產階級政府之務者也

專制的[illegible]取締[illegible]言論集會結社出版之自由

一切勿論運動選舉亦不敵

從資產階級之新聞雜志學校教育法入思想專業使無不自覺之

故資產階級雖有種種選舉而不能平等

故議會無以一八七一年之巴黎公社及俄之蘇維埃代之

無代表的組織係不能使民主之義故所謂議會主義晚近

非常代表組織及選舉制也（一）

公社蘇維埃與議會之異（一）同時立法及行政被直接選人民選出對于人民總負責（二）公社的代表以至警察及軍隊裁判官一常由人民撰選又得隨時依人民之要求而罷免之（三）（一）形如資產

階級間之有隸屬政治的權得的特權僅限於財工鉤之範圍

若經濟條件未及者，不可以教育地經歷等條件促之，惜都
選出
無產黨與議會。革命無產階級不但要戰取議會，且須破壞資
產階級一切國家機關，此連議會亦在其內。自上世紀末至
第一次歐戰爭，西歐各主義派採平和發展之時，無產階級亦
因是選舉運動及議會內分派的活動而獲得若干成功，因此第
二國際之主要幹部倣以議會主義範圍內之改良爲此時國
際馬克斯主義者第二國際之指導者一一階段到社會主義
帝國主義之時，復活馬克斯主義者列寧也
無產階級之參加議會，非欲取得法律上之保護，借以接近羣

産階級
社会民主〻義黨为選挙时便宜大聯宗地區組織与産階級
黨則形〻以工場細胞為基礎之勞動組織　社会民主〻義黨只求
於議会主義範圍内活動乃常改良主義者也
奪取工商業。同时採取合作社公共團體工商業機關之方針

政治

古者國之民雖○社會之規模之組織不自今日始要其遠將那難
屬謀稅及徵兵之制其規畫之大不減近世且得其最先之民
由於擬之道擇其集天下之財由執政者之所其後國民之公
民發告之與國民眾力亦因之而落境內之人為地方種族或
宗教所分之團體

政治與文化○政治與生存問題或生活在團體之存眾之所共乃
造成一統一之組織以用之國民共同的共同政治上着手方面的
個人不得不受國一之統制
此種組織者對于對外的國家之原始初國政治意義他
本階級他本亦須將來自由的無從現今我本們的國家目的

文化則為實現的全盡的社會，故其精神恒蹈虛。昔日之中
國之所以為政治社會毋寧云文化社會者，其統一恃乎文化，極
缺嚴密組織。然文化一破，究為真正之一破，惟加政治，社會之統一故
國為斷文化同一。今國人政治社會意會着乎文化社會，
一文化社會之轉着乎政治社會，蓋然下時之時形也。

政治

國家論之變遷

中世紀 五世紀中葉至十六世紀初 地主支配農奴 此時方地主(一)國王(二)諸侯(三)武士(四)羅馬加特立教會

加特力教會形成王國 其本身亦為階級的組織 又為國際中心 與國族及貴族 教會相對立

其學者云上帝以治國故設代理人〻之〻此王也 故王權帝所與 非教信教者須服從國王而國王祇對上帝負責而已 說此

本指神聖羅馬皇帝言 皇帝衰遂用之於國王

教中人初云帝命教皇治精神生活 國王治肉體生活 故皇國王皆上帝之代表也 遠甚 其勢力增大則曰國家與羅並存

故當在教會支配下國王貴族皇之之時帝之代表也當支
配一切
資產階級之國家論自霍布斯派克孟德斯鳩至盧騷而得大成
焉盧騷之民約論其代表也　其思想之最要者為自然權即天
賦人權之生命自由財產　此等自由平等之思想遠起十六世
紀至十八世紀乃以法為中心播及全歐　民約論曰人生而
自由欲去害無合力故協同之　之則無服從共同之意思然其亦
加入協同則仍服從我也　廢自然之不平等代以倫理、法律
的平等自由之自由變為法律上之自由更從國家受取之
共同意思即持體意思非其中各個人之意思亦非其全體之

意思乃只除去他意惟餘以無益無目的之意思也此說形成
超階級之國家論甚亦大誤耳
黑格爾之國家論曰國家者倫理之具體化理性之具體也彼
曰德意志精神雖亦謂之世界精神亦謂之神之言民等無始時存成為自然以無意
識的形態而發展此時未意識自己也至於人類而意識自己
夫倫理之發展有三階段焉（一）曰宗族倫理觀念以本能表見
其情為愛（二）曰市民社會反對家族其指導標為矣（三）曰國家
又否定市民社會然是宗族與市民社會之綜合而為更高形
態者也故黑格爾國家之眼從乃倫理的觀點黑格爾之言積
玄眇耳

科學的社會主義之國家論則不然　從所討論的歷史上現實的國家也　故與向來之國家論異其趣

社會必呈矛盾分裂而鬥爭立乃有國家　鬥爭者階級為使自己及社會不亡於無益之鬥爭乃建立高於社會之權　故國家者由社會而出而居於社會之上而形與社會無關之權力也　實一階級支配他階級組織成則具第三者之外觀焉

國家者社會達於一定之階段乃發生者也　我人僅於生產自己生活資料則無榨取　故亦無維持榨取之政治支配　有剩餘矣而其剩餘尚不敷使人人有餘裕以處理一切事務則必委托人以處理之　此亦社會分業也　然被委托者亦往往隨上了

優勢乃固定其地位且組織支配機關初雖以軍共同自衛乃與民衆分立之武裝集團矣再加以民衆之武裝至此則有守械等　雅典之羅馬乃奴隸為之於是租稅不可缺矣　被支配之被榨取階級起而反抗則階級鬥爭生而抑壓反抗起見形似第三者之權力遂成必要　此權力既維持社會而並超階級的氣勢然又臨於社會之上此即所謂國家也

國家之先人類之組織蓋皆（何）以血緣結合之氏族是也彼時也無私產無榨取無支配　氏族何以亡國家何以興　曰生產力增矣人口增矣土地稍覺其狹於是私有土地之心萌芽而得之地則私有之氏族中人由是漸生貧富之差共同事務委之較富有之人　是時近親部族同盟遂領土稍融軍帥不可移

戰爭國事業軍帥及其下之將校權力稍大　又權制變遷由
一宗族中選出從德者之事稍少　世襲之法確立　農業手工
業分工生產力更增　貧富之差愈甚　奴隸發生
各民族共同處理之事稍增於協議會　民族稍融合
不同民族將其人種成貴族貧民及工業等階級
某宗族特占某支權
以職業住居為單位之集團（國家）代民族而興矣
國家之階級確立　希臘之世自由民大差貴族與奴隸　羅馬之世
貴族與平民　中世紀封建領主與農奴　其間又分有小區
分爲　今之階級簡單化為有資產階級與無產階級　此外

亦有地主之資產階級即都市中間階級如律師醫生等自由職業者下級官吏商人小手工業者

農民等皆此其本也 其地位雖異其為榨取被榨取則同

國家者表面上取中立之態度階級強則為猛烈的榨取機

則國家為仲裁者 兩階級相均衡國家成調停者此十七八

世紀之王政也此時也資產階級之學者每以為常使之永久化國家化

則誤矣

國家將何消滅耶曰發生之原因消滅則消滅矣

階級分裂原乎生產力之不足 近世生產力發展不窮其不

足矣不徒物質不虞匱乏也且可使個體精神完全發達 為

之機此則社會組織耳

掌握國權而壓階級則階級亡　因(一)階級消滅(二)生產無政府狀態而起之生存競爭廢則由此發生之衝突亡國家不必要矣　故其時以全社會代表掌握生產物時即其告終之時同時以事物之管理代人之支配而今之所謂國家者亡矣非或消之自滅也

無政府主義者之說有以異　曰彼等即時廢國科學社会主義者則謂留之以壓資產之反抗　此所謂過渡期之國家乃資產階級之國家亡後必要者也　故無產階級獨裁之說為科學社会主義與政府社会主義區別之要點

今之勞動者等控制勞動資金及之勞動集合全部請求權者此

真平等也彼之階級觀念則將來將屬之工人無產者為
今之所以如此者非以其所需而以其勞動量所剩餘生產廣擴
取自所持為其生產手段故不勞動者不得同勞動者同
分配耳非共產也　至於勞動非生活之手段而為生活之目
則人之以其自由意志而盡其能力以勞動而國家真正矣　此
人類由必然之域入自由之國之飛躍也

無產階級之政黨〇勞動階級之權能力與技能為不得一附
集指導者無此階級之最進步部分者之　此部分即政黨
政黨為革命之先鋒隊為經常之指導者組織　政黨之階級
第一手為階級中之組織及其于組織之組織之最高政黨員

教育宣傳　工農群衆及一般大衆　但須組織合工農群衆團一
同之時　解大衆有爭之要求而共
使命　能于行動方面于機構等無產階級的道德
即政黨亦不可少　又須指導者

無產政黨與他團體○如工會、農民協會、無產青年同盟、無產階
級之思想團體、教育團體、△種婦女團體、無產階級之新聞雜
志團體等　如將工農大衆之要求傳到政黨將政黨決議及
行動之意義傳到工農大衆　此種團體亦向政黨建議
無產階級之政治鬥爭常要求統一之指導者　之之指導者往往
由政黨以外諸團體選出而及于大衆
無產政黨之不統一○理論青年要對政黨單一　而為多數無產

政黨發生 (一)内部不均一 (二)統治階級分裂政黨

雖知以全體鬥争爲必要仍難以共精神之利害而行動

以此爲政黨乃以全體利害爲依據之政黨成立矣更有調和

不能之自然分作乃愈複雜 此亦時隨經合並政黨之一支

主義之明晰化

共產政黨[illegible]之組織○本部支部小組黨之民有 使自身之來之

使常得速解而正外部的要求實存於中

政治

資產階級之自由平等

封建時代地權、身分、特許特權等為個人之私生活 市民的 生活 多事

政治性質

因此為個人之集結妨害全國全社會之統一

國家全體事業國家權力為與國民全體無關係者支配者

近代政治革命即在乎市民社會之要求撤消此等封建特權者也

將為人生活分為私的物質的的 市民 及公的精神的的 公民

而本為局部支配者之國家的問題成為一切國民的問題

一切國民皆於國家統成為平等的公民

在他方則為利己的市民 以同種組合特許特權等的為个人

從特權階級解放可以自由買賣行立契約矣
故國家之理想主義與市民社會之物質主義之完成也 相並行
國家之理想主義為不打破市民社会之物質主義也
資產階級要求自由平等時，對封建的政治使之與同業組合之
束縛及特權相對立 地方的特權保護稅與種種例外法規在
商業上不但困外國人殖民地人亦困本國人 同業組合
特權對工商各工業之發展 道路不自由 競爭之機會不
平等 農民亦要求廢止封建特權要求免稅與個方分之政治特權等
此其要求資產階級之自由平等要求對保護工人階級為憲法規定雖理人權又推
理奴
隸制

而以工商自業。居於南疆併援和

政治統一之與成及國家之興。四世紀時各國聯盟而以掫神

權時臨其上。至十五世紀而敗。法蘭克王加帝號求一統世

其府用官吏多貴族，各占土地亦成世襲。其府有者僅意大利

日耳曼及四五十年後國皆自主矣。皇帝僅虛名而已。民族

國家興於十三世紀之政，以君主爲其代表，與皇帝、教皇爭政

標獨立自主之義。十九世紀以國家爲理性表現之絕對主

義

關於國家之學說。盧梭唱自由平等，排私產，主民權，乃先驗的

也。孟德斯鳩則主權力均衡

[illegible]

流品

老人
地主
商人
武人
文士

貴族

民主
貴族

共和

仕宦
[illegible]

利害不同
階級公平
尚斗 敏捷

初權力基于[illegible]限

革命

勸進

外戚
權臣
軍人

最後一人[illegible]

兵陷 主憲

專陷 專制

[illegible]

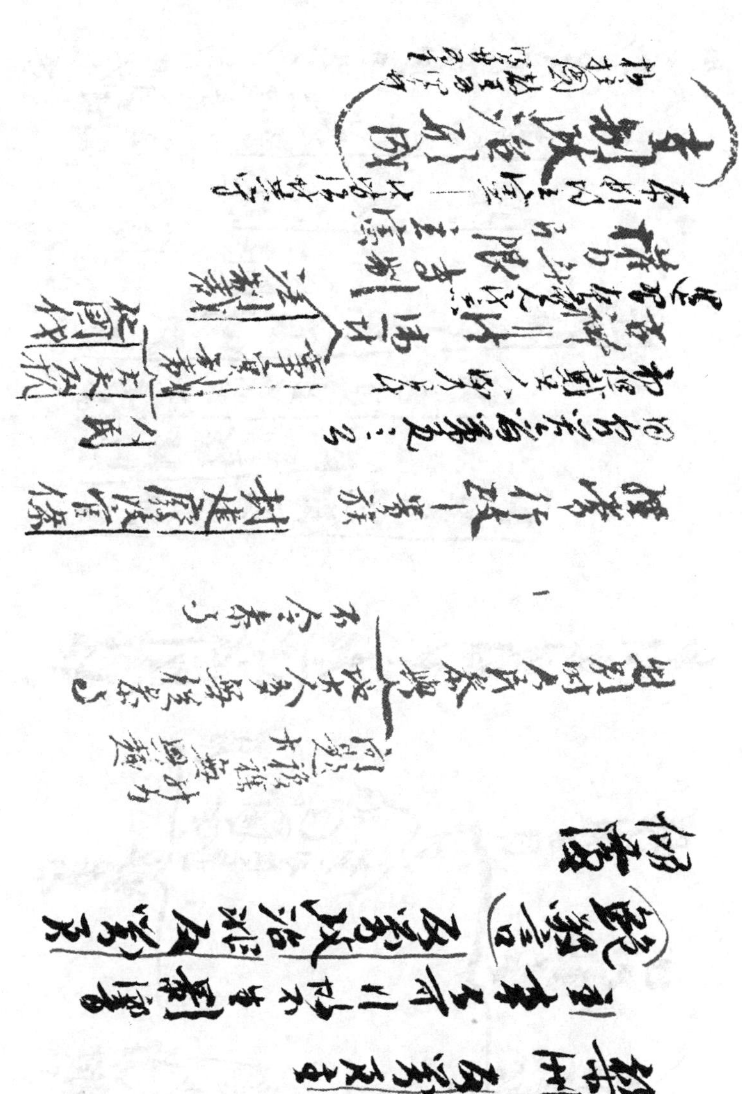

古代　傭兵　商與 —— 貴族亡

佃奴　入　解放　面前　自由民 —— 合一

貴族 —— 專自治之地　未聞之自治 —— 商　勢力

沒本事之人　貴種佃奴　自由民奴隸

·社議若起之證　資產階級為何如斯

西歐文藝接觸改變方向

清時暫停頓

走向恢復人民自治之路

空理儒覺悟 —— 井田封建論

治權入 —— 世　專家　官吏　薦舉　親選　宗教

權力 —— 治者階級之跋扈

看臟　國家與社會之一

要可[illegible]為社會之人　只在國家內封建　唐虞天職

守氣

驕淫

無品傾列士傑

異任無品

外 互噬 最後滅天下

內 尚術者陽法術之士

外 與滅絕 寓以存抵抗 以荒正之諸侯方厥 臺壯裏王人 滅國者爲

內 尚元恒訟衛屍

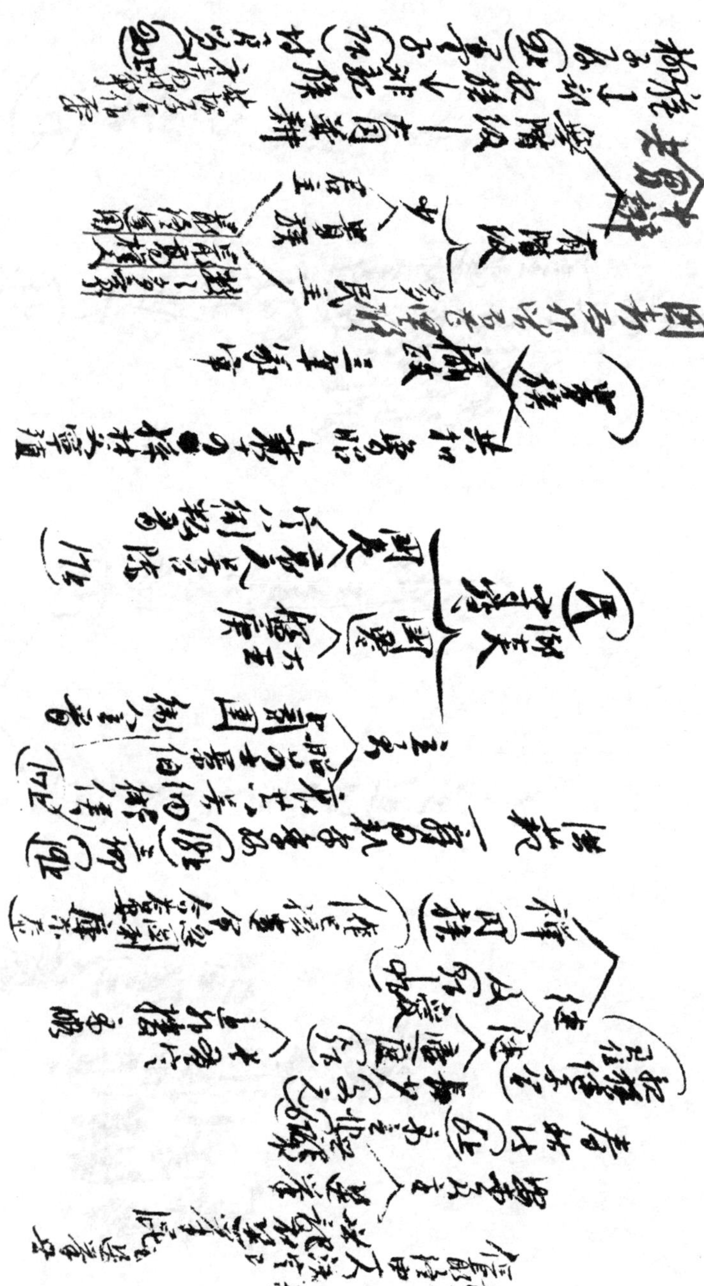

專使均須得參議院同意

臨大綱　臨約法　任命各部長｜依道九文

不信任　解散｜總統制任巧難

辭職出于倒閣　權減無權解散

內閣對議會負責——內閣對選民負責

選、得課責

選時自由

忠誠在小範圍才益

忘了那些人 ── 消極的 ── 破壞 ── 積極的 ── 反抗

國所要求在可以範圍內

民未嚴格大而遠矚

合作 但未權 爭要求階級

否認階級

其害而已

自發居去

餘任小範圍

國家需要

當以一部徵

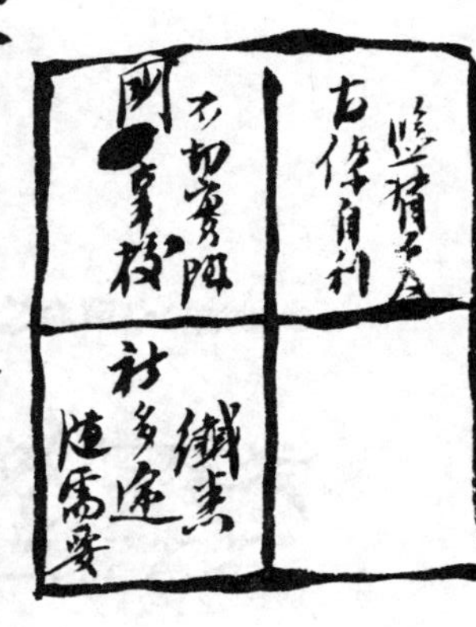

彼因不以而律進于不以不而

在秋 不在德 蘇、法、 剛政府不誤 宏的專制

政府 自 濟 横議 以合此親封 取而等平矣

無 太三尚 只有儒 貴族 以與 諸自什 昌闵系 以誅

況與論可製造

況久習不問 以私性活動 多數 ── 成習 利務 族業

代議假定人民於所委政府不悖

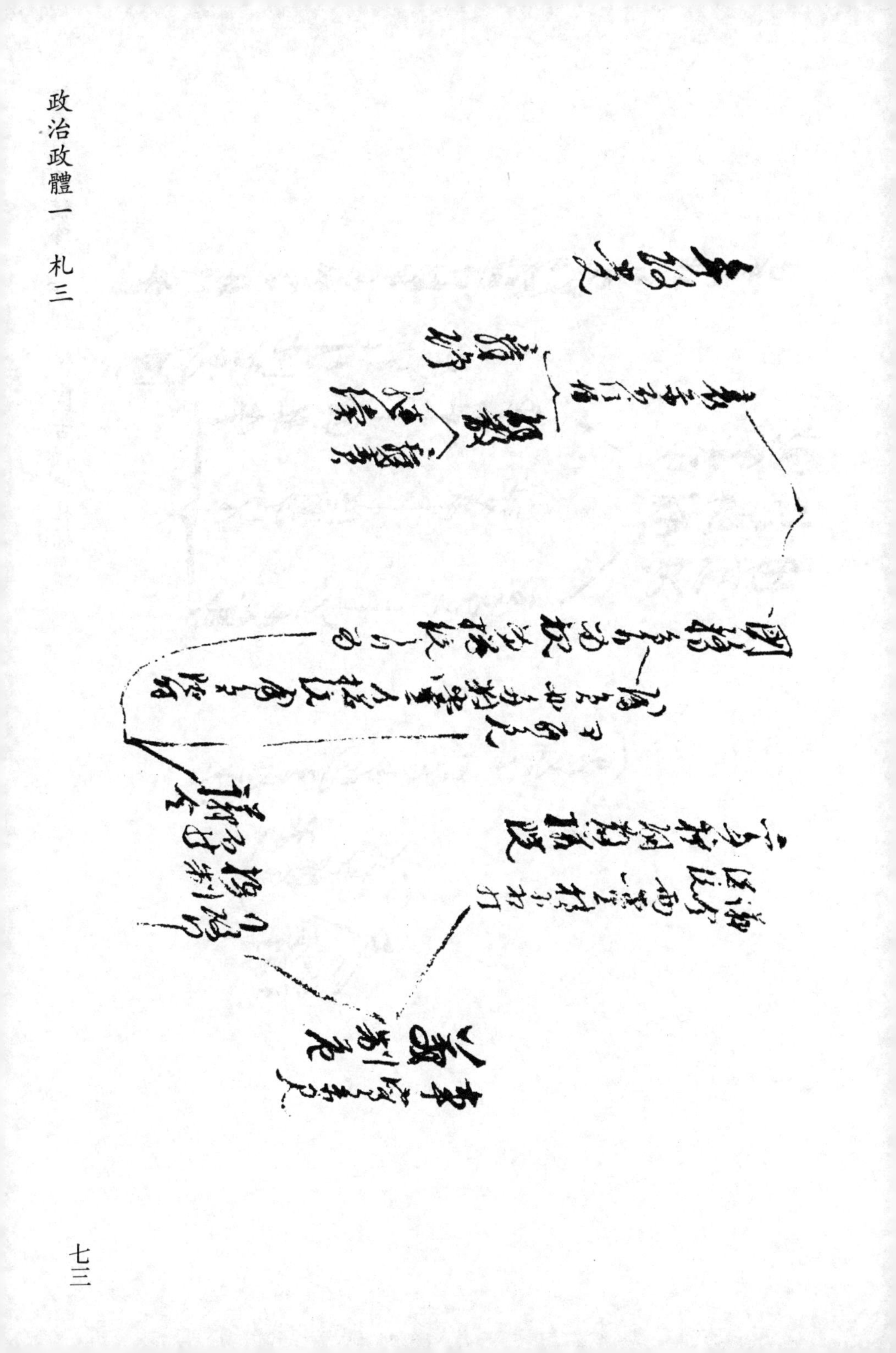

韃靼人　今
中國人　人
老

初只是秋冬年皮　八字

集中人 — 不主 — 沢運国
中國深刻 — 農族 — 隨時變
宗族藩籬 — 底主 — 不善備

國家牟利推指防

舊諸部落之時常有城池稽胡及百年間技術善

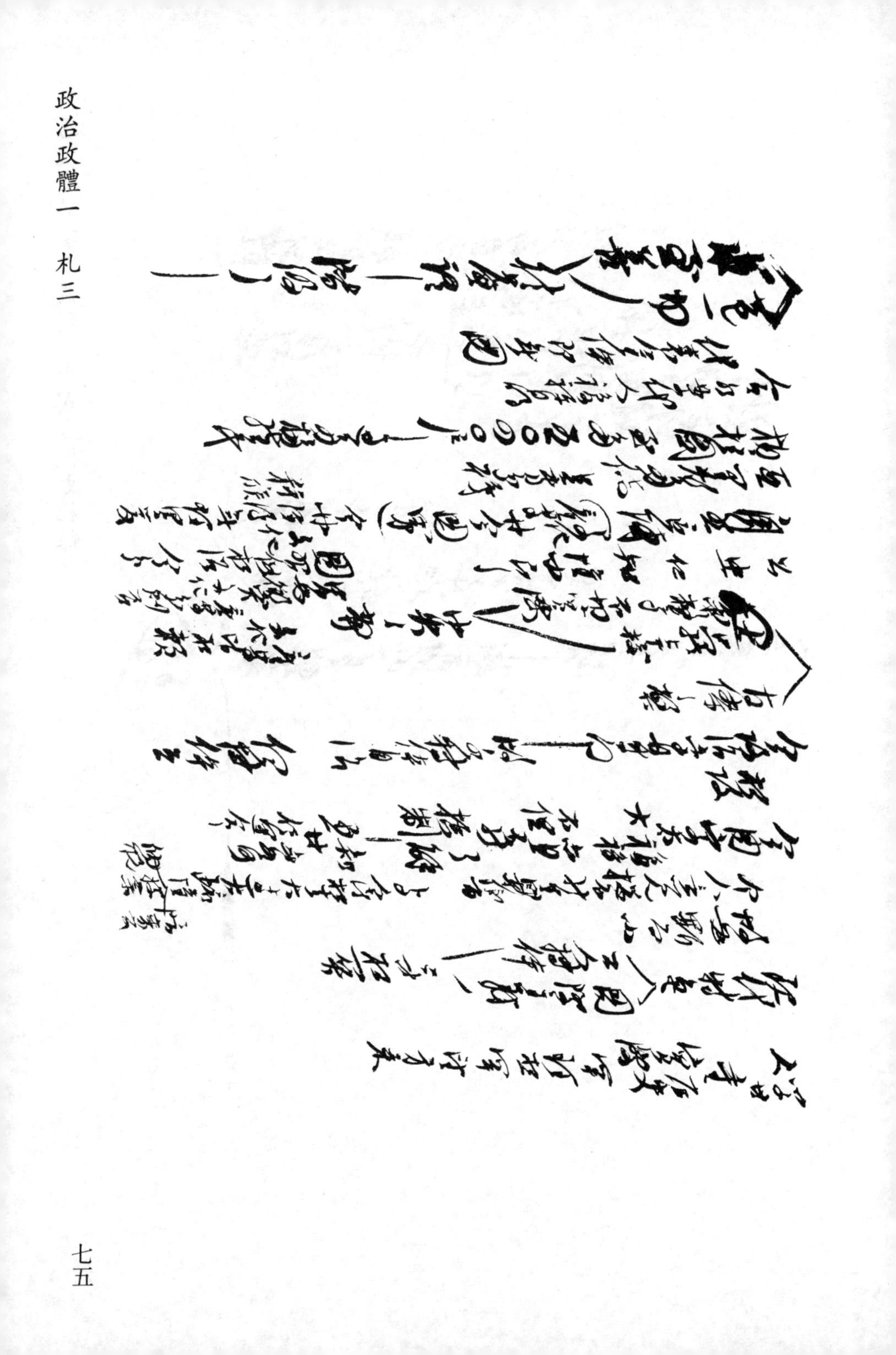

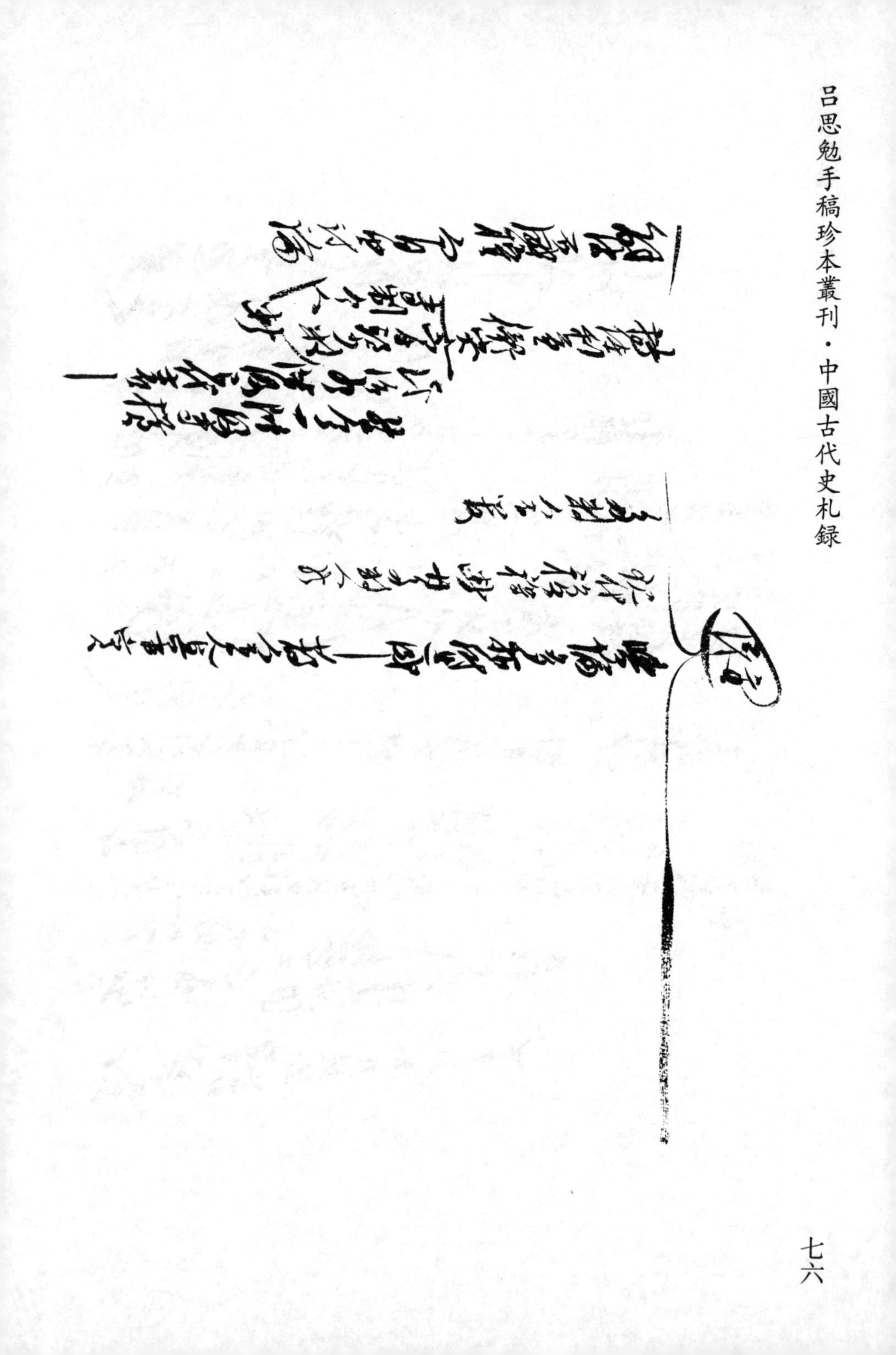

（括信）

榷捉一
治人民之
收收之律治
身人民之
身法治
治民情

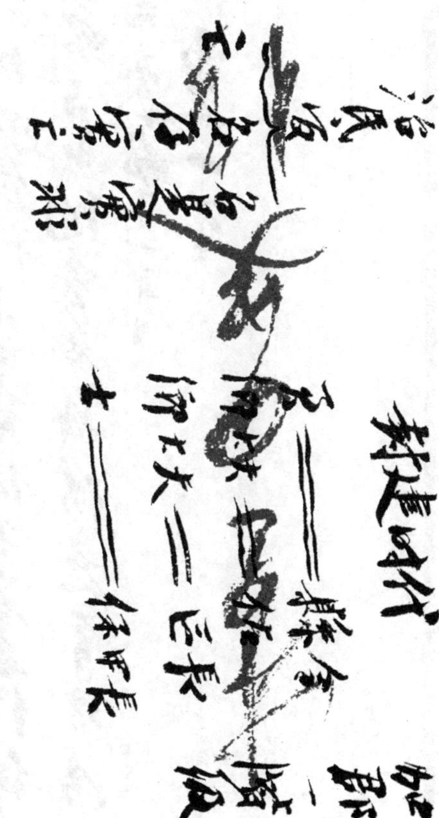

政治

讀此書者宜先知近世列國蓋前者固財論而自近世歐美政治法制
政治制度之原學說自歐美入乎中國治者之國淵源
參考各國之政體政體於今爲大原則不必盡法而後
和局之說然則諸書宜精讀之清理思想
治日中國

本學年第一學期

第一周

政體

專達

Theocracy 譯曰 以專達領袖管轄一團體而
重其防衛兵一切法制皆從此到達與其一
群之生存而相應
團體間勇猛者取之共同體與勇猛者付之共同體之
之關係
支配者被支配者皆保有自己氏族制度
大治權者擴為之 支配者爲被支配者 被支配
氏族爲村落共同體之共同團體
組明其組織其間氏族協和相續 因此生活

政治

（書）

舜典選舉[illegible]稱焉（四八頁上）

（通鑑前編舉要二）周王[illegible]以[illegible]君[illegible]

諸侯[illegible]之[illegible]

[illegible]今人[illegible]（[illegible]一頁上）

縣官國家宅家官家〇通鑑唐昭宗天祐元年注：西漢謂天子爲縣官，東漢以來謂爲國家，唐時宮中率呼天子爲宅家，又單呼之爲官家。或曰其義蓋取五帝官天下，三王家天下」節

以下

以隱閔爲稱號　通鑑注　補五の27下

秦國廿三歲相攻　新書　補廿上

服飾

冠記笥處 隋八

白筆笏之遺象 二 隋十 四上

索劍以木為之 二 隋十 11上

隋制衣冠成康歌詠頌辭 隋十二 十二 卅上 九九 卅上

魏晉皮弁有纓無笄 北九 十 84

隋文與後文布 北十 一 10下

隋承不服幞頭 北八 八 4上

古弁遺象社討羅の 北七 7下

陽氈 北七 七 5下

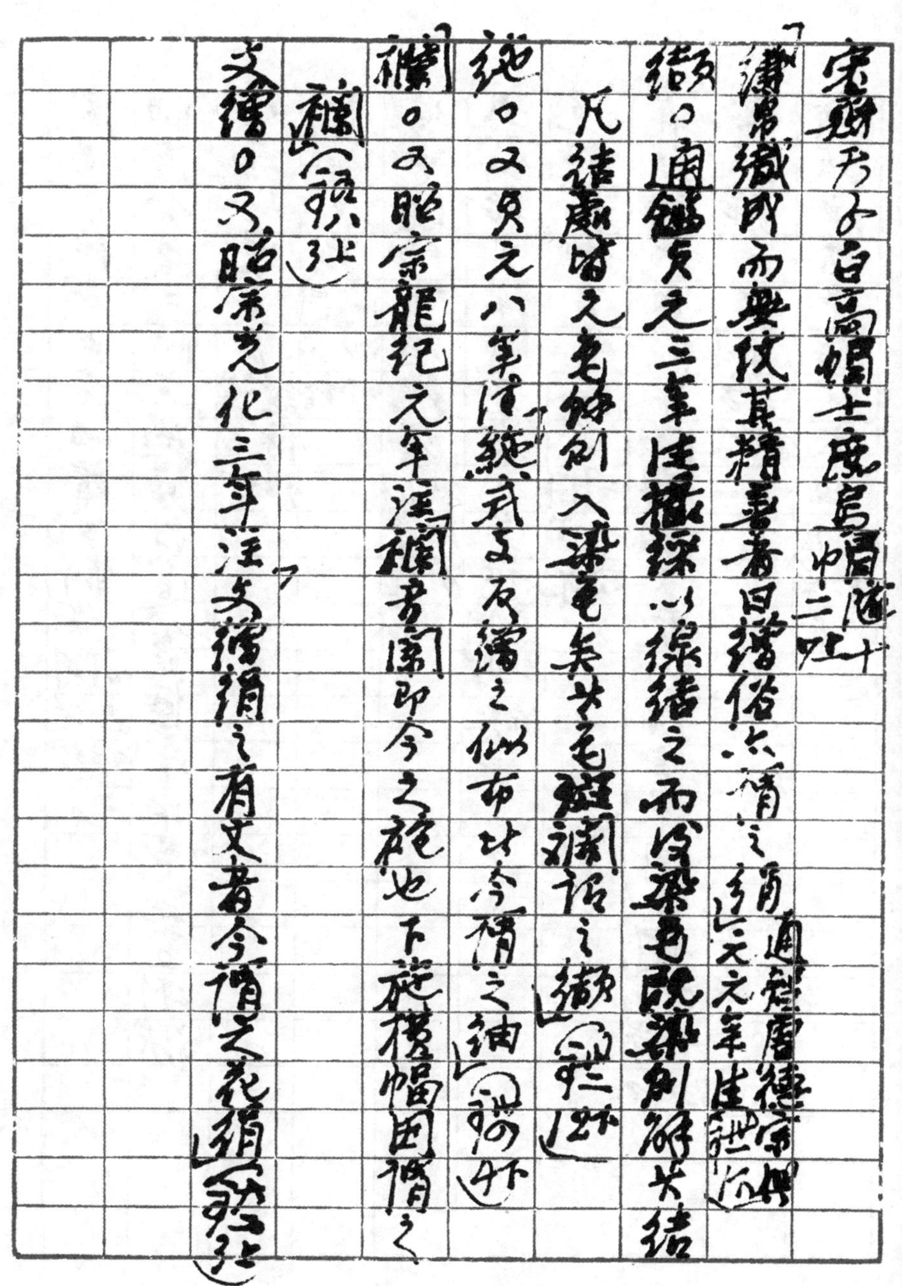

宋犍子子白高帽士庶烏帽（隨十中二十四上）

「練帛織成而無紋其精善者曰繒俗亦謂之綃」通鑑唐德宗興元元年注（卅二下）

綴：通鑑貞元三年注「撮綵以線結之而以染毛飾之別繫其結

凡結處皆以毛飾之則毛縱謂之綴」（通卅二卅下）

絁：又貞元八年注「絁，式支反，繒之似布者，今謂之紬」（通卅四下）

襴：又昭宗龍紀元年注「襴者襴即今之袍也下施橫幅因謂之

襴也」（通卅八上）

文繒：又昭宗光化三年注「文繒謂繒之有文者今謂之花絹」（通卅二上）

職官

閹老乃給事中，宋以稱宰輔，誤。困学紀聞六 5下

師漕倉憲。帥安撫，漕轉運，倉提舉常平，憲提點刑獄

官師一官之長　漢書賈誼傳注

周官之鼓　困学紀聞四 4上

宫中宜歸宰相統治　困学紀聞四 6上

九錫始見漢武元朔元年詔　困學紀聞卷五 3下

漢宛載鄉官有秩　困学紀聞八 23上

有秩嗇夫得假半[illegible]章即印，漢言半通之銅　困学紀聞十 16上

漢政歸尚書　困学紀聞十三 3下

執政立奏事始宋太祖　困学紀聞十五 2下

法西斯與共產之主權○彼以為不在人民而在有組織之社會

人文主義與政治○神權君權黨頭有一神圈背景人文主義消散之

立憲誰則欲之○曰中產階級也得其所欲者 曰保障財產

曰擔保公民自由 曰企業自由 排除貴族防礙

民主政治○要使每一分子皆居自由 特權與階級阻止社會民主化者也 無一階級既解放則又產生別一階級如資產階級是矣 民主政治在十九世紀有進步而法西斯既失活氣矣

政治

政黨之善惡。政黨固爭政權負而進者 然易成寡頭政治少數人支配一切 有知識之民衆足糾正之然不易得 內部意見紛歧則其黨壞

政治

羅馬之京名地獨立。古邦皆獨立之邦典章政事無一相同這
一邦的人到那一邦就被看做外人不得享公民的權利但周
封建便就不同了照希臘殖民的語言說周是祖邦列國是姊
妹邦典章政事雖小有不同大體皆相似不但與周室有關係
且互有關係周室衰弱他們仍得聯合這即夷夏觀念的由來
……卿大夫出奔仍受優禮因此列國盡以宗仰周室觀念與
不甚重始皇統一回馬蓋周已以殖民式統一　羅馬統一後
羅馬邦並未擴充被征服之邦與羅馬皆有關係各邦無關係
羅馬之京各地同樣獨立狀況希臘仍希臘高麗仍高麗　李宗侗 中國古

代社會剖析　東北中國民族年後一不盡由剖之考定也
第七七——七八
政治始於部落。家族只教育的强制的也　氏族有法律與强
制權力、部落依地域而施政治

政治

自家至國　希臘羅馬

古之家也（一）大宗（二）旁支（三）奴隸（四）客　客也者入於其主之家而為其侍役，隸即臣也，亦姓其主之姓，與於其祭祀，如養子焉，其子亦然，故家之中有客之小家焉

家之上無他種組織，家彼此不相求，亦不相通，不相聯合

然家不易自足，乃合若干家而成居里（Gens）於是有上於家神之神共祀焉（音[illegible]，或譯為區團）區團為從軍隊之組織，亦為初級選舉單位

以又合成部落，亦有其共祀之神，部落（Tribe）時有三十區團，三區團為一部落，凡三部落

各部落相結合，而保其故有之祀，則為邦，亦如希臘為一城邦

居里成家仍在，部落成居里仍在，邦成部落仍在，是諸小政府皆

存而公共政府居其上也　雅典人同时為家居里部諸邦之一象然非生而即然以次而入亦有儀式　此居里等次皆自然而生而非有意為之亦非恃力征服其立也不待力也

希臘終未合為一國意大利亦然　論者謂地形使之然彼此自無鄰邦緩衝處國多也　彼未知上推邦之廣制也若干城聯合而其上有統一政府希臘人意大利人未之知羅馬人亦久而後知之也

戰勝可取其人而不能使其人為公民則不能合兩邦為一矣　故破敵之後只可（一）毀其都據其地廢其神戮其人之國財產法律隨之而盡矣（二）則仍留其自主之權

殖民地聯邦附　曰古之聯邦非今之聯邦也　殖民地之建也必以舊邦之火及知建國之術之人以　邦火所為兩國宗教上之系聯所自出者曰母國所自出者同曰姊妹之邦　古殖民完全自主系聯如此而已是有宗教關係無政治關係也　是古之聯邦也

何謂平民　曰無宗教無家族　流亡之人被逐之士不為其父所收之子皆投焉　希臘城在山頂內有邦神之廟平民居於山麓不得入城雖萬亦然　平民在法律外無政權不得為官亦不為兵

然民之初惟家長耳後則未有往之討論邦政之議會亦祇家長

為議員。其階乃更稍得平等，而公民之人數增矣。

家族同居，蓋部落之中為貴族階級，第其下皆有權都之王，不能直接治人也。雖能指揮諸侯，然諸侯相聯合，則其力亦足與王與王爭王政，然衰其政權耳，其為族之主自若也。王常務提攜下等階級，抑減貴族之權，貴族拒之，以保其家。家分析長子之權，替家之統一崩矣。家大都解散，家無臣僕矣。

下等階級則在家之外，始有貴族、平民兩階級。

兩階級也，平貴族皆有組織，平民則散其人多耳，然無組織，無首領者也，而非其敵也，故恒不勝，乃倚王政以抗貴族。無職人民亦自有其首領，以王之名與貴族爭有英也，乃不因王

而日暴君　不由宗教之威權樹矣

工商業興錢用田不可耕種而錢則無不可工商海師之職興焉

平民中始分階級曰貧富而平民之首領有組織成團體矣不

必戴貴族中之雄以成家矣　戰術變徒重於車騎車與騎貴族

為之徒平民為之海軍中搖艣者亦平民　古神居於家今也

平民亦有所祀之神有教士

平民貴族之爭(一)平民攻入城迫貴族並宣布權利平等(二)貴族

退讓立新法(三)公民日增　於是貴族平民通婚階級消矣貴

族化為平民

機偏之制憲也矣議員不限貴族階級只依貧富而分

羅馬以戰爭故，歷代招致外人。征服人則遷之於羅馬，其遷之也，貴族入於貴族，民入於平民（一）。貴族之家或有客或有奴，而外人之自來者（二）投靠貴族之家（三）貴族之客（四）私生子皆為平民。平民日增，王思用之。杜王斯變之等級亦以貧富分，得預於權利。平民來羣山 在羅馬或華之近和是 田界於則兵將減少，故卒招之，選立納詩其自選之領，時曰特利般。特利般不可殺傷，見特利般則不得以暴動執平民。看見之者，並釋特利般並平民于公會甚於解散之權，特利般不能出城，故在軍隊中，平民總服從貴族耳。

平民中之富者接近貴族，積羽於平等條件下相結合，爭趣

草創時代由貴族起草，但公布前先得各階級承認
以資產者階級起替貴族而以富人代之也　於是富人爲特貴
封爲徒
富人統治不如貴族之久，不久即視爲不公，原貴者亦利爲公民
矣。富者貴兵戰全剝死者宜多，則必以貴者補充，則不得不以
貧民爲公民。爲公民則參政權矣。彼時之參政權實有效
力，非如今世也，貴者皆虛辭矣
昔之富可保護，今也變之自由矣。然亦常若易遭險阻　彼時也
工皆奴隸爲之。希臘以然，故職業上亦民又輕視職業　乃貴族
要者有爲證人者有爲審判官　甚者利用政權宣布取消債務役

收客人財產者，逐客人而奪其產，客人力征勝，則又奪回之。羅馬之與邦既瓦解矣，人愛邦之心亡矣，求勝而已矣，引外人以覆其邦，非所恤矣，此羅馬之所由成功歟。

羅馬戰勝，所知此遷所征服之人於羅馬，化為羅馬人而已矣。又亦尊所征服地之神，此其所以大也。然其殖民之地，則徒宗教同而不能獨立。除遷入羅馬者外，不得為羅馬人，亦不以其地為羅馬人也。故降人不隸羅馬國而隸羅馬帝國。其與羅馬有兩種條約：(一)曰降伏，其邦亡矣，一切組織皆廢；(二)曰聯盟，邦之制度猶存，然聯盟亦受治於首長，無成法，一切由首長之喜怒，猶之邦之亡也。故其人皆求為公民，久之，客人求請同之

乃宣布凡自由人皆爲之民　邦已亡矣民族之别未顯則皆曰羅馬人而已矣

論政

中庸

文武之政布在方策其人存則其政舉其人亡則其政息

注方板也策簡也息猶滅也

古代社會與今組織之異

積穀與社倉

經學史 冊58 取民論

政治

按鄉大於家，言以為家者為鄉，則鄉必不治，等而上之皆然。故才有大小，而治隨之，故治天下者不拘於同家同鄉同國而量，如天地日月然爰乜

以家為鄉。鄉不可為也。言有家之親斥以為鄉之疏必生怨故不可為也下三事同此以鄉為國。國不可為也。以國為天下。天下不可為也。以家為家。一親也以鄉為鄉。二親也以國為國。三親也以天下為天下。四親也毋曰不同生。遠者不聽。謂家也言有家之親而謂之曰不與汝同家而生用此以相疏遠者必不聽下同此毋曰不同鄉。遠者不行。毋曰不同國。遠者不從。如地如天。何私何親。五親也如月如日。唯君之節。六親也天地日月取其耀臨言人君親下當如天地日月之無私也御民之轡。在上之所貴。言人從上之所貴若馬之從轡道民之門。在上之所先。上所先行人必行之其從之若由門矣召民之路。在上之所好惡。故君求之。則臣得之。君將求之臣已先索得之也君嗜之。則臣食之。君好之。則臣服之。君惡之。則臣匿之。一法也毋蔽汝惡。毋異汝度。汝君也賢者將不汝助。言室滿室。言堂滿堂。是謂聖王。二法也言堂室事而令滿取其露見不隱也城郭溝渠。不足以固守。兵甲彊力。不足以應敵。博地多財。不足以有眾。言城郭兵甲博地不足以固守應敵有眾其固守應敵有眾更在有道者也惟有道者。能備患於未形也。

管子　卷一　二

埽葉山房石印

政治

小匡第二十　勉學此為吾子言之老夫亦下篇　內言三

管子　卷八　二　埽葉山房石印

桓公自莒反於齊。使鮑叔牙為宰。鮑叔辭曰。臣君之庸臣也。君有加惠於其臣。使臣不凍飢。則是君之賜也。若必治國家。則非臣之所能也。其唯管夷吾乎。臣之所不如管夷吾者五。寬惠愛民。臣不如也。治國不失秉。臣不如也。秉柄也。柄所操以作事。國柄者賞罰之紀要也。忠信可結於諸侯。臣不如也。制禮義可法於四方。臣不如也。介冑執枹立於軍門。使百姓皆加勇。臣不如也。枹擊鼓槌。夫管仲。民之父母也。將欲治其子。不可弃其父母。公曰。管夷吾親射寡人中鉤。殆於死。今乃用之可乎。鮑叔曰。彼為其君動也。

治國第四十八　區言四

凡治國之道。必先富民。民富則易治也。民貧則難治也。奚以知其然也。民富則安鄉重家。安鄉重家則敬上畏罪。敬上畏罪則易治也。民貧則危鄉輕家。危謂不安其所居也危鄉輕家則敢陵上犯禁。陵上犯禁則難治也。故治國常富。而亂國常貧。

政治

期而致使而往百姓舍己以上為心者教之所期也始於不足見終於不可及一人服之萬人從之訓之所期也（謂君將行令始獨發於心故不足見終則功成事遂故不可及也）未之令而為未之使而往上不加勉而民自盡竭俗之所期也（君既盡心於俗所以能期於心也）好惡形於心百姓化於下罰未行而民畏恐賞未加而民勸勉誠信之所期也（君之好惡纔形於心百姓已化於天下）為而無害成而不議得而莫之能爭天道之所期也（君能奉順天道所以能期於此）為之而成求之而得上之所欲小大必舉事之所期也令則行禁則止憲之所及俗之所被（被合）

治法

和仁　信　義　霸王之器

經解　發號施令而民說謂之和上下相親謂之仁民不求其所欲而得之謂之信除去天地之害謂之義義與信和與仁霸王之器也有治民之意而無其器則不成

政治。

子言之君子之所謂仁者其難乎詩云凱弟君子民之父母凱以强教之弟以說安之樂而毋荒有禮而親威莊而安孝慈而敬使民有父之尊有母之親如此而后可以爲民父母矣非至德其孰能如此乎有父之尊有母之親謂其尊親已如父母。强其良反徐其兩反說音悅毋荒音無

十三經注疏　禮記五十四　表記　四

疏 子言至此乎。正義曰此以下至不勝其文更廣明仁道又顯尊親之異并論虞夏商周質文不等今各隨文解之。仁者其難乎言行仁之道其甚難乎爲之不易。詩云凱弟君子民之父母者言仁道爲難若有仁行可以爲民之父母此詩大雅泂酌之篇戒成王之詩也凱樂也弟易也言使民樂易之君子則得爲民之父母言不易也。凱以强教之弟以說安之孔子既引詩又釋凱弟之義凱樂也言君子初以仁政化下使人樂仰自强不息是凱以强教之弟謂遜弟言以遜弟之道下化於民民皆說豫而康安是弟以說安之也。樂而毋荒有禮而親者樂失於荒禮失於疏言明君教下爲樂而毋荒有禮而相親也威莊而安孝慈而敬者失在慢易今明君臨下威嚴矜莊而民安也孝順慈愛而民敬也。使民有父之尊有母之親者以有威莊故有父之尊言尊之如父以有孝慈故有母之親言親之如母也。非至德其孰能如此乎者言若非至德之君其誰能使民如此言仁道難也

今父之親子也親賢而下無能母之親子也賢則親之無能則憐之母親而不尊父尊而不親水之於民也親而不尊火尊而不親土之於民也親而不尊天尊而不親命之

○

於民也親而不尊鬼尊而不親或見尊或見親以其嚴與恩所尚異也命謂四時政令所以教民勤事也鬼謂四時祭祀所以訓民事君也○憐力田反疏今父至不親○此明尊親之異父母不同今父之親子也親賢而下無能者言父之於子若見賢者則親愛之若見無能者則下賤之以父立於義分別善惡也○母之親子也賢則親之無能則憐之者言母之於子見賢則親愛之見其子無能則憐愛之母以恩愛不能分別善惡故也○水之於民也親而不尊者水沐浴人多用故親而不尊○火尊而不親者火須離之近則傷害人不須輕近故尊而不親○土之於民也親而不尊者土能生物載養於人是親也於人爲近人所居處遂不尊也○天尊而不親者天有雷霆日月震耀殺戮是尊也而體高遠是不親也○命之於民也親而不尊者謂人君教命隨四時以教於人欲人生厚是親也附近於民使民勤事是不尊○鬼尊而不親者鬼謂鬼神神道嚴敬降人禍福是尊也人神道隔無形可見是不親也

子曰夏道尊命事鬼敬神而遠之近人而忠焉先祿而後威先賞而後罰親而不尊遠鬼神近人謂外宗廟內朝廷○遠于萬反注及下同近附近之近注及下同朝直遥反下同其民之敝惷而愚喬而野朴而不文以本不困於刑罰少詐譺也○敝謂政教衰失之時也○惷傷容反徐昌容反范陽江反又丁絳反字林音丑降反丑凶反喬音驕朴普角反譺況表反詐也忘之也疏子曰至不文○正義曰此一節明夏道親而不尊之義○夏道尊命言夏之爲政之道尊重四時政教之命使人勸事樂功也○事鬼敬神而遠之近人而忠焉者宗廟在外是遠鬼神也朝廷在內是近人也以忠恕養於民是忠焉也所爲如此是親而不尊也○其民之敝惷而愚者敝謂其後世政教衰敗時夏家後世政教敗時民皆惷愚所以然者昔時恒先祿後罰則民皆承寬裕無澆詭也情既不澆詭至於衰末猶不知避嚴刑峻法如惷愚也○喬而野者亦因昔時寬裕忠恕至末世民猶驕野如淳朴之時也○朴而不文者淳時民皆質朴不競文華至亂時猶承奉之亦然也○注以本不困於刑罰少詐譺也○正義曰以夏尚仁恩其民不困苦於刑罰及其衰末猶有先世遺風少有詐僞譺妄爾雅訓云蔑譺忘也則忘字亡下著心今與詐相對則譺是詐之義當亡下著女也

殷人尊神率民以事神先鬼而後禮先罰而後賞尊而不親先鬼後禮謂內宗廟外朝廷也禮者君臣朝會凡以摯交接相施予○以摯音至相施始豉反下文同其民之敝蕩而不靜勝而無恥以本忕於鬼神虛無之事令其心放蕩無所定困於刑罰苟勝免而無恥也月令曰無作淫巧以蕩上心○勝而始證反忕音誓與上忕於同令其力呈反巧苦教反又如字疏殷人至無恥○此一節明殷代尊而不親之事尚虛無之事故率民以事神○先罰而後賞者案襄二十六年左傳云賞以春夏罰以秋冬又月令云春行夏賞秋冬行罰與此違者彼謂王者大禮一歲之中法天道生殺故春夏賞秋冬刑此記所云謂賞罰同時所行夏則先賞後罰殷則先罰後賞其民之敝蕩而不靜者以其本尚虛無之尊敬鬼神至其末世敝失其民放蕩不能安靜也○勝而無者由本困於刑罰但得苟勝無以慙恥○注云先鬼而後禮

謂内宗廟外朝廷也○正義曰以夏周人敬鬼神而遠之近人而忠焉外宗廟内朝廷以此反之則殷人先鬼後禮是内宗廟外朝廷也○注以本狀於鬼神虛無之事令其心放蕩無所定○正義曰狀串也習也貴尚習鬼神鬼神無體故云虛無之事以爲事不在實故心放蕩無所定也

周人尊禮尚施事鬼敬神而遠之近人而忠焉其賞罰用爵列親而不尊賞罰用爵列以尊卑爲差其民之敝利而巧文而不慙賊而蔽以本數交接以言辭尊卑多獄訟○蔽畢世反又音弊數色角反

疏 周人至而敝○此明周代親而不尊之事○尊禮尚施者謂尊重禮之往來之法貴尚施惠之事也○其賞罰用爵列者既不先賞後罰亦不先罰後賞唯用爵列尊卑或賞或罰也○其民之敝利而巧文而不慙者以其尚禮本數交接往來故便利機巧多文辭而無慙愧之心也○賊而蔽者以本爲治之時上下有序至其敝末尊卑錯失爲饒獄訟共相賊害而困蔽以其禮失於煩故致然也夏道尊命主殷人尊神周人尊禮三代所尊不同者案元命包云三王有失故立三教以相變夏人之立教以忠其失野故救野莫若敬殷人之立教以敬其失鬼救鬼莫若文周人之立教以文其失蕩故救蕩莫若忠如此循環周則復始窮則相承此亦三王之道故三代不同也

子曰夏道未瀆辭不求備不大望於民民未厭其親殷人未瀆禮而求備於民周人强民未瀆神而賞爵刑罰窮矣未瀆辭者謂時王不尚辭民不褻爲也不求備不大望言其政寬貢稅輕也强民言承殷難變之敝也賞爵刑罰窮矣言其繁文備設○厭於豔反强其兩反注同稅申銳反

疏 子曰至窮矣○上明三代親尊有異此經更明三代治民有異之事○未瀆辭者瀆謂褻瀆辭謂言辭夏時爲政之道未褻瀆於言辭君既不尚辭民亦不爲故言未瀆辭夏言未瀆辭則殷瀆辭也○不求備不大望於民者求備謂每事徵求皆令備足大望謂賦稅既重大所責望於民夏代不然故云不求備不大望於民也○民未厭其親者以上不求備不大望於民民無困苦故未厭其上下相親之心也○殷人未瀆禮而求備於民者以殷承夏後雖已褻瀆言辭仍未褻瀆於禮言君臣上下於禮事簡畧不褻瀆也殷言未瀆禮則周瀆禮矣○而求備於民者言殷不如夏寛每事求備於民亦大望於民也○周人强民以周承殷後遭紂衰亂風俗頑凶故周人設教強勸人以禮義亦比夏殷多此一句也○未瀆神者言周治太平之時雖已瀆於禮猶未褻瀆鬼神祭天地宗廟諸神尚有限未褻瀆也則周衰之後而瀆神也○而賞爵刑罰窮矣者以周人貴禮禮尚往來交接故賞爵刑罰之事窮極煩多

子曰虞夏之道寡怨於民殷周之道不勝其敝勝猶任也言殷周極文民無耻而巧利後世之政難復○勝音升注同敝音弊任如金反復音伏

子曰虞夏之質殷周之文至矣言後有王者其作質文不能易之○易音亦虞夏之文不勝其質殷周之質不勝其文言王者相變質文各有所多○勝世證反又音升

子言之曰後世雖有

○

作者虞帝弗可及也已矣君天下生無私死不厚其子子民如父母有憯怛之愛有忠利之教親而尊安而敬威而愛富而有禮惠而能散其君子尊仁畏義恥費輕實忠而不犯義而順文而靜寬而有辨死不厚其子言既不傳位又無以豐饒於諸臣也恥費不爲辭費出空言也實謂財貨也辨別也猶寬而栗也靜或爲情○憯七感反怛旦達反費芳貴反注同傳文專反別彼列反下不別同甫刑曰德威惟威德明惟明非虞帝其孰能如此乎德所威則人皆畏之言服罪也德所明則人皆尊寵之言得人也○曰音越威如字威畏也讀者亦依尚書音畏也

疏子曰至此乎○此一節摠明虞夏商周四代質文之異○虞夏之道寡怨於民以其政寬故寡怨於民言民怨尚少殷周之道不勝其敝者以殷周文煩失在苛碎故其民不堪勝敝敗也不言無怨而言寡怨於民者天地之大猶有所憾如冬寒夏雨民猶怨之如聖人之德無善不包人猶怨之是不備也如舜寡怨於民也○子曰虞夏之質殷周之文至矣者至謂至極也言虞夏爲質殷周爲文並已至極矣縱令後王爲質不能過於虞夏後王爲文亦不能過於殷周是至極矣○虞夏之文不勝其質者言虞夏之時雖有其文但文少而質多故文不勝於質殷周之質不勝其文者言殷周雖有其質亦質少而文多故不勝其文然案三正記文云質再而後如則虞質夏文殷質周文而云虞夏之質殷周之文者夏家雖文比殷家之文猶質殷家雖質比夏家之質猶文於夏故夏雖有文同虞之質殷雖有質同周之文○子言之曰後世雖有作者虞帝不可及也○正義曰以上經論虞夏商周此特明虞帝之美已矣者言後世之君雖有作其善政者而比於虞帝不可齊及之也○君天下生無私者明虞帝之德後世雖作不可及言舜爲天下序爵必以德而不用私也○死不厚其子者厚謂豐厚既不傳位又不以財物豐厚於其子故云不厚其子子謂商均也○子民如父母者子謂子愛於民如父母愛子也○有憯怛之愛者言愛民之志有悽憯惻怛言舜天性自仁故憐愛於人有忠利之教者言有忠恕利益之教也○親而尊者有母之親有父之尊○安而敬者體安而能敬敬即前威莊而安也○威而愛者有威而又有愛也○富而有禮者富有四海而不驕是有禮也○惠而能散者施惠得所爲能散也○其君子尊仁畏義者其君子謂虞朝之臣也君聖臣賢是由舜而得然也若民有仁者則尊之有義者則畏之○恥費輕實者費辭費也言而不行謂之辭費也言必履而行之是恥於辭費也輕實者實財貨也貴人而賤祿是輕財也○忠而不犯者盡心於君是其忠也無違政教是不犯也○義而順者至極君臣之義而不悖德是義而順也○文而靜者臣皆有文章而又清淨寬而有辨者辨別也臣之儆舜之寬容治政不慢而有分別也○甫刑曰德威惟威德明惟明引之者所以結舜德也下威訓畏下明訓尊言舜之道德欲威懼於人則在下之民惟畏懼之故云德威惟威德明惟明者謂舜以德標明善人惟能得善人惟天下之人皆所以尊重之○非虞帝其孰能如此乎者如上之事不是虞帝其誰人能得如此乎案今尚書之篇以明堯德而云虞帝者言虞帝亦能如是且記者斷章而爲義也

十三經注疏 禮記五十四 表記 五

政治

政治

天下之達道五所以行之者三

凡為天下國家有九經

哀公問政子曰文武之政布在方策其人存則其政舉其人亡則其政息方板也策簡也息猶滅也○方策初革反版音板本亦作板○人道敏政地道敏樹敏猶勉也樹謂殖草木也人之無政若地無草木矣敏或爲謀夫政也者蒲盧也蒲盧蜾蠃謂土蜂也詩曰螟蛉有子蜾蠃負之螟蛉桑蟲也蒲盧取桑蟲之子去而變化之以成爲己子政之於百姓若蒲盧之於桑蟲然○蒲盧並如字爾雅云蜾蠃蒲盧即今之細腰蜂也一名蠮螉蜾音果蠃力果反本亦作蠃音同蜂芳封反字亦作蠭同螟莫瓶反蛉音零乚音紀○故爲政在人在於得賢人也取人以身脩身以道脩道以仁取人以身言明君乃能得人仁者人也親親爲大義者宜也尊賢爲大親親之殺尊賢之等禮所生也人也讀如相人偶之人以人意相存問之言○殺色界反徐所例反在下位不獲乎上民不可得而治矣此句其屬在下著脫誤重在此○治直吏反一音如字脫音奪重直用反故君子不可以不脩身思脩身不可以不事親思事親不可以不知人思知人不可以不知天言修身乃知孝知孝乃知人知人乃知賢不肖知賢不肖乃知天命所保佑天下之達道五所以行之者三曰君臣也父子也夫婦也昆弟也朋友之交也五者天下之達道也知仁勇三者天下之達德也所以行之者一

也達者常行百王所不變也○知音智下近乎知注言有知皆同或生而知之或學而知之或困而知之及其知之一也困而知之謂長而見禮義之事已臨之而有不足乃始學而知之此達道也○長丁丈反已音紀或安而行之或利而行之或勉强而行之及其成功一也利謂貪榮名也勉强恥不若人○强其兩反注同○

疏 哀公至一也○正義曰此一節明哀公問政於孔子孔子答以爲政之道在於取人脩身亦明達道有五行之者三今各隨文解之○文武之政布在方策者言文王武王爲政之道皆布列在於方牘簡策○其人存則其政擧者雖在方策其事久遠此廣陳爲政之道其人謂賢人擧猶行也存謂道德存在也若得其人道德存在則能興行政教故云擧也○其人亡則其政息者息滅也其人若亡謂道德滅亡不能興擧於政教若位無賢臣政所以滅絶也○人道敏政者敏勉也言爲人君當勉力行政○地道敏樹者樹殖草木也言爲地之道亦勉力生殖也人之無政若地無草木地既無心云勉力者以地之生物無倦似若人勉力行政然也○夫政也者蒲盧也蒲盧取桑蟲之子以爲已子善爲政者化養他民以爲已民若蒲盧然也○故爲政在人言君行善政則民從之故欲爲善政者在於得賢人也○取人以身明君欲取賢人先以脩正已身則賢人至也○脩身以道言欲脩正其身先須行於道德也○脩道以仁者言欲脩道德必須先脩仁義○仁者人也親親爲大者仁謂仁愛相親偶也言行仁之法在於親偶欲親偶疏人先親已親然後比親及疏故云親親爲大○義者宜也尊賢爲大宜謂於事得宜即是其義故云義者宜也若欲於事得宜莫過尊賢故云尊賢爲大○親親之殺尊賢之等禮所生也者五服之節降殺不同是親親之衰殺公卿大夫其爵各異是尊賢之等禮者所以辨明此上諸事故云禮所生也○在下位不獲乎上者鄭謂此句應在下章著脫誤重在此耳○故君子不可以不脩身思脩身不可以不事親言思念脩身之道必先以孝爲本故云不可以不事親○思事親不可以不知人既思事親不可不先擇友取人也○思知人不可以不知天欲思擇人必先知天時所佑助也謂人作善降之百祥作不善降之百殃當捨惡脩善也五者天下之達道也五者謂君臣父子夫婦昆弟朋友之交皆是人間常行道理事得開通故云達道也○知仁勇三者天下之達德也言知仁勇人所常行在身爲德故云天下之達德也○言百王用此三德以行五道五事爲本故云道三者爲末故云德若行五道必須三德無知不能識其理無仁不能安其事無勇不能果其行故必須三德也○所以行之者一也○言百王以來行此五道三德其義一也古今不變也○或生而知之謂天生自知也○或學而知之謂因學而知之○或困而知之謂臨事有困由學乃知○及其知之一也言初知之時其事雖别既知之後並皆是知故云及其知之一也○或安而行之謂無所求爲安靜而行之○或利而行之謂貪其利益而行之○或勉强而行之或畏懼罪惡勉力自强而行之及其成功一也雖行之有異及其所行成功是一也言皆得成功矣皇氏云所知所行謂上五道三德今謂百行皆然非唯三五而已也○

子曰好學近乎知力行近乎仁知恥近乎勇知斯三者則知所以脩身知所以脩身則知所以治人知所以治人則知所以治天下國家矣言有知有仁有勇乃知脩身則脩身以此三者爲基○好呼報反近附近之近下同行皇如字徐下孟反凡爲天下國家有九經曰脩身也尊賢也親親也敬大臣也體羣臣也子庶

民也來百工也柔遠人也懷諸侯也體猶接納也子猶愛也遠人蕃國之諸侯也○子如字徐將吏反下句放此蕃方元反○脩身則道立尊賢則不惑親親則諸父昆弟不怨敬大臣則不眩體羣臣則士之報禮重子庶民則百姓勸來百工則財用足柔遠人則四方歸之懷諸侯則天下畏之不惑謀者良也不眩所任明也○眩玄遍反

疏 子曰至家矣○正義曰前文夫子荅哀公爲政須修身知人行五道三德之事此以下夫子更爲哀公廣說修身治天下之道有九種常行之事又明修身在於至誠若能至誠所以贊天地動蓍龜也博厚配地高明配天各隨文解之此一節覆明上生而知之學而知之困而知之○好學近乎知者覆前文或學而知之益能好學無事不知故云近乎知也○力行近乎仁者此則前文或利而行之以其勉力行善故近乎仁也○知恥近乎勇者覆前文困而知之及勉強而行之以其知自羞恥勤行善事不避危難故近乎勇也前經生而知之不覆說者以其生知自然合聖故不須覆說也○凡爲天下國家有九經者此夫子爲哀公說治天下國家之道有九種常行之事論九經之次目也○體羣臣也者體謂接納言接納羣臣與之同體也○子庶民也者謂子愛庶民也○來百工也者謂招來百工也○脩身則道立者此一經覆說行九經則致其功用也脩身則道立者謂脩正其身不爲邪惡則道德興立也○尊賢則不惑者以賢人輔弼故臨事不惑所謀者善也○敬大臣則不眩者眩亦惑也以恭敬大臣任使分明故於事不惑前文不惑謀國家大事此云不眩謂謀國家衆事但所謀之事大小有殊所以異其文○體羣臣則士之報禮重者羣臣雖賤而君厚接納之則臣感君恩故爲君死於患難是報禮重也○子庶民則百姓勸子愛也言愛民如子則百姓勸勉以事上也○來百工則財用足百工興財用也君若賞賚招來之則百工皆自至故國家財用豐足○柔遠人則四方歸之遠謂蕃國之諸侯四方則蕃國也懷諸侯則天下畏之懷安撫也君若安撫懷之則諸侯服從兵強土廣故天下畏之

齊明盛服非禮不動所以脩身也去讒遠色賤貨而貴德所以勸賢也尊其位重其祿同其好惡所以勸親親也官盛任使所以勸大臣也忠信重祿所以勸士也時使薄斂所以勸百姓也日省月試既廩稱事所以勸百工也送往迎來嘉善而矜不能所以柔遠人也繼絕世舉廢國治亂持危朝聘以時厚往而薄來所以懷諸侯也同其好惡不特有所好惡於同姓雖恩不同義必同也尊重其祿位所以貴之不必授以官守天官不可私也官盛任使大臣皆有屬官所任使不親小事也忠信重祿有忠信者重其祿也時使使之以時日省月試考校其成功也既讀爲餼餼廩稍食也槀人職曰乘其事考其弓弩以下上其食○齊側皆反去起呂反遠于萬反好惡呼報反下烏路反又並如字注同斂力驗反又既依注音餼許氣反廩彼錦反一本又力錦反稱尺證反朝直遥反槀苦報反一音古老反上時掌反

疏 齊明至侯也○正義曰此一節說行九經之法○齊明盛服者齊謂整齊明謂嚴明盛服謂正其衣冠是脩身之體也此等非禮不動是所以勸脩身○尊其位重其祿同其好惡所以勸親親也者尊其位謂授以大位重其祿謂重多其祿位崇重而已不可任以職事同其好惡好謂慶賞惡謂誅罰言於同姓既有親疏恩親雖不同義必須等故不特有所好惡○勸親親也者尊位重祿以勉之同其好惡以勵之是勸親親也○官盛任使所以勸大臣也官盛謂官之盛

大有屬臣者當令任使屬臣不可以小事專勞大臣大臣懷德故云所以勸大臣也日省月試既廩稱事所以勸百工也既廩謂飲食糧廩也言在上每日省視百工功程每月試其所作之事又飲食糧廩稱當其事功多則廩厚功小則餼薄

是所以勸百工也。治亂持危者。諸侯國內有亂則治討之危弱則扶持之。厚往而薄來所以懷諸侯也厚往謂諸侯還國王者以其材賄厚重往報之薄來謂諸侯貢獻使輕薄而來如此則諸侯歸服故所以懷諸侯也。注尊重其食。正義曰尊重其祿位者言同姓之親既非賢才但尊重其祿位榮貴之而已不必授以官守也云大臣皆有屬官所任使不親小事也者若周禮六卿其下各有屬官其細碎小事皆屬官爲之是不親小事也云既讀爲餼餼廩稍食也者以既與廩連文又與餼字聲同故讀既爲餼。稍食者謂稍給之故周禮月終均其稍食是也引稾人職者證其餼廩稱事案周禮夏官稾人掌弓矢之材其職云乘其事乘謂計筭其所爲之事考其弓弩謂考校弓弩之善惡多少以下上其食下謂貶退上謂增益善者則增上其食惡者則減其食故也。

凡爲天下國家有九經所以行之者一也凡事豫則立不豫則廢言前定則不跲事前定則不困行前定則不疚道前定則不窮(一)謂當豫也跲躓也疚病也人不能病之。跲其劫反皇音給行下孟反疚音救躓徐音致。

疏　凡爲至不窮。正義曰此一節明前九經之法唯在豫前謀之故云所以行之者一也一謂豫也。言前定則不跲者案字林云跲躓也躓謂行倒蹶也將欲發言能豫前思定然後出口則言得流行不有躓蹶也。事前定則不困者困乏也言欲爲事之時先須豫前思定則臨事不困。行言定則不疚者疚病也言欲爲行之時豫前思定則行不疚病。道前定則不窮者言欲行道之時豫前謀定則道無窮也。注人不能病之。正義曰解經行前定則不疚人若行不豫前先定人或不信病害之既前定而後行故人不能病害也子曰王言如絲其出如綸王言如綸其出如綍言言出彌大也綸今有秩嗇夫所佩也綍引棺索也○綸音倫又古頑反綬也如紼音弗大素嗇音色索悉洛反故大人不倡游言游猶浮也不可用之言也○倡昌尚反可言也不可行君子弗言也可行也不可言君子弗行也則民言不危行而行不危言矣危猶高也言不高於行行不高於言言行相應也○行而行皆下孟反注及下皆同應應對之應詩云淑慎爾止不僭于儀淑善也僭過也言善慎女之容止不可過於禮之威儀也○僭起虔反女音汝

疏子曰至于儀○正義曰此一節明王者出言下所傚之其事漸大不可不慎意與前經同也○王言如絲其出如綸者王言初出微細如絲及其出行於外言更漸大如似綸也言綸麤於絲○王言如綸其出如綍者亦言漸大出如綍也綍又大於綸○故大人不倡游言者游言謂浮游虛漫之言不可依用出言則民皆師法故尊大之人不倡道此游言恐人依象之○可言也不可行君子弗言也謂口可言說力不能行則君子不言也若有客不能館則不問其所舍之類是也可行也不可言君子弗行也熊氏云可行謂君子賢人可行此事但不可言說為凡人作法如此之事則君子不當行若曾子有母之喪水漿不入於口七日不可言說以為法故子思非之是君子不行也○則民言不危行而行不危言矣者危高也如此化民則民言行相應言不高於行行不高於言○詩云淑慎爾止不僭于儀者此大雅抑之篇刺厲王之詩淑善也僭過也言為君之法當善謹慎女之容止不僭過於禮之容儀言當守道以自居引者證言行不可過也○注綸今有秩嗇夫所佩也○正義曰案漢書百官公卿大夫表云十里一亭十亭一鄉鄉有三老有秩嗇夫有遊徼三老掌教化嗇夫掌獄訟遊徼掌禁盜賊故漢書云張敞以鄉有秩補大守卒史又云朱邑為桐鄉嗇夫又續漢書百官表云鄉置有秩三老遊徼有秩郡所置秩百戶其鄉小者縣所置嗇夫案此則有秩嗇夫職同但隨鄉大小故名異耳名雖異其所佩則同張華云綸如宛轉繩

子曰君子道人以言而禁人以行○禁猶謹也道音導故言必慮其所終而行必稽其所敝則民謹於言而慎於行○稽猶考也議也稽古兮反詩云慎爾出話敬爾威儀話善言也話胡快反○大雅曰穆穆文王於緝熙敬止緝熙皆明也言於明明乎敬其容止○於音烏注同緝七入反熙許其反毛詩傳云緝熙光明也○

疏子曰至敬止○正義曰此一節亦贊明前經言行之事○道人以言者在上君子誘道在下以善言使有信也○而禁人以行者禁猶謹也言禁約謹慎人以行使行顧言也○故言必慮其所終者謂初出言之時必思慮其此言得

終末可恒行以否○而行必稽其所敝者稽考也言欲行之時必須先考校此行至終敝之時無損壞以否○詩云慎爾出話敬爾威儀者此大雅抑之篇刺厲王也話善言也爾汝也謹慎爾之所出之善言以為政教故恭敬爾之威儀言必為人所法則引證言慮其所終大雅云穆穆文王於緝熙敬止者此大雅文王之篇美文王之詩言穆穆然美者乃是文王於謂嗚呼緝熙皆光明也言文王之德嗚呼光明乎又敬其容止引者證在上當敬其言行也

政治

章善癉惡　賞罰　重民所好惡　好賢惡惡

子曰好賢如緇衣惡惡如

子曰為上易事也為下易知則刑不煩矣

巷伯則爵不瀆而民作愿刑不試而民咸服緇衣巷伯皆詩篇名也緇衣首章曰緇衣之宜兮敝予又改爲兮適子之館兮還予授子之粲兮言此衣緇衣者賢者也宜長爲國君其衣敝我願改制授之以新衣是其好賢欲其貴之甚也巷伯六章曰取彼譖人投畀豺虎豺虎不食投畀有北有北不受投畀有昊此其惡惡欲其死亡之甚也爵不瀆者不輕爵人也試用也咸皆也○好呼報反注同緇側其反惡惡上烏路反下如字注同巷戸降反巷伯小雅篇名愿音願還音旋粲七旦反衣緇衣上於既反下如字讒人本又依詩作譖人投畀必二反下同豺仕皆反昊胡老反本或作皓同○大雅曰儀刑文王萬國作孚刑法也孚信也儀法文王之德而行之則天下無不爲信者也文王爲政克明德慎罰○疏子曰至作孚○正義曰此一節明好賢惡惡賞罰得中則爲民下所信○好賢如緇衣者緇衣朝服也諸侯視朝之服緇衣素裳鄭武公桓公父子並爲周司徒善於其職鄭人善之願君久留鄭國服此緇衣衣服敗破則又作新衣以授之故以歌此詩是好賢之詩也詩人以緇衣爲鄭風之首故云好賢如緇衣也○惡惡如巷伯者巷伯亦詩篇名也巷伯是奄人爲王后宮巷官之長故爲巷伯也幽王信讒寺人傷讒而懼讒及巳故作詩以疾讒也其詩云取彼讒人投畀豺虎豺虎不食投畀有北有北不受投畀有昊是惡讒人之甚故云惡惡如巷伯也○則爵不瀆而民作愿者此解好

十三經注疏　禮記五十五　緇衣　八

賢也瀆濫也愿愨也君若好賢如緇衣則爵不濫而民皆謹愨也○刑不試而民咸服者此解惡惡也試用也言君惡惡如巷伯則刑措而不用民皆服從○大雅云儀刑文王萬國作孚者此大雅文王之篇諫成王之辭儀象也刑法也孚信也言成王但象法文王之德而行之則天下萬國無不爲信也言皆信敬之故云萬國作孚猶文王明德慎罰爲民所敬信引之者證上爵不瀆刑不試也○注緇衣至甚也○正義曰緇衣者詩鄭風美鄭桓公武公詩也巷伯刺幽王之詩也故云皆詩篇名云緇衣之宜兮者言桓公武公並皆有德堪爲國君國人願之言宜著此緇衣破敝我又欲改更爲新衣云適子之館兮者鄭以云桓公武公既爲卿士適子之館舍兮謂適卿士治事館舍云還予授子之粲兮者從館舍迴還歸本國我即授予以粲餐兮也鄭人愛桓公武公之甚矣是好賢也緇衣者諸侯朝服故論語云緇衣羔裘注云諸侯之朝服其服緇布衣而素裳緇帶素韠故士冠禮云主人玄冠朝服緇帶素韠注云朝服者十五升布衣而素裳也衣不言色者衣與冠同也知朝服十五升者雜記文知用布者雜記云朝服十五升去其半而緦故知布也知素裳者以冠禮云素韠韠從裳色故知裳亦素也若士之助祭者則韠用緇不與裳同色熊氏云玄冠用黑繒爲之其義未甚明也○

子曰爲上可望而知也爲下可述而志也則君不疑於其臣而臣不惑於其君矣志猶知也尹吉曰惟尹躬及湯咸有壹德吉當爲告告古文誥字之誤也尹告伊尹之誥也書序以爲咸有壹德今亡咸皆也君臣皆有壹德不貳則無疑惑也。吉依注爲告音誥羔報反詩云淑人君子其儀不忒疏子曰至不忒。正義曰爲上可望而知也者謂貌不藏情可望見其貌則知其情。爲下可述而志也志知也爲臣下率誠奉上其行可述叙而知。尹吉曰惟尹躬及湯咸有一德者吉當爲告是伊尹誥大甲故稱尹誥則咸有一德篇是也言惟尹躬身與成湯皆有純一之德引者証上君臣不相疑惑。詩云淑人君子其儀不忒者此詩曹風鳲鳩之篇刺曹君之詩言善人君子其儀不有差忒引者証一德之義。子曰有國者章善癉惡以示民厚則民情不貳章明也癉病也。忒他得反本或作貳音二章義如字尚書作善皇云義善也癉丁但反詩云靖共爾位好是正直疏子曰至正直。正義曰章善癉惡者章明也癉病也言爲國者有善以賞章明之有惡則以刑癉病之也。詩云靖共爾位好是正直者此詩小雅小明之篇刺幽王之詩也言大夫悔仕亂世告語未仕之人言更待明君靖謀共其爾之祿位愛好正直之人然後事之也引之者証上民情不二爲正直之行。子曰上人疑則百姓惑下難知則君長勞難知有姦心也。共音恭本亦作恭好呼報反故君民者章好以示民俗慎惡以御民之淫則民不惑矣淫貪侈也孝經曰示之以好惡而民知禁。好如字又呼報反注同惡如字又烏路反注同徭吕氏反又式氏反。臣儀行不重辭不援其所不及不煩其所不知則君不勞矣儀當爲義聲之誤也言臣義事君則行也重猶尚也援猶引也引君所不及謂必使其君所行如堯舜也不煩以其所不知謂必使其知慮如聖人也凡告喻人當隨其才以誘之。行如字援音袁注同知慮音智詩云上帝板板下民卒癉上帝喻君也板板辟也卒盡也癉病也此君使民惑之詩。版布綰反注同癉丁但反本亦作癉辟匹亦反字亦作僻同小雅曰匪其止共惟王之邛匪非也邛勞也言臣不止於恭敬其職惟使王之勞此臣使君勞之詩也。共音恭皇本作躬云躬恭也邛其恭反疏子曰至之邛。正義曰此一節申明上經君臣各以情相示則君之與臣各得其所。上人疑者謂在上之君多有疑二則在下百姓有疑惑也。下難知則君長勞者若在下之人心懷欺詐難知其心則在上君長治之勞苦。故君民者章好以示民俗慎惡以御民之淫則民不惑矣覆上百姓惑淫貪也言如此則民不惑矣。臣儀行不重辭不援其所不及不煩其所不知則君不勞矣者覆上君長勞如此則君不勞臣儀行者儀當爲義謂臣有義事則奉行之不重辭者重尚也爲臣之法不尚虛華之辭不援其所不及者謂君才行所不能及臣下不須援引其君行所不能及之事謂必使其君所行如堯舜也不煩其所不知者謂君有所不知其臣不得煩亂君所不知之事令必行之臣能如此則君不勞苦。詩云上帝板板下民卒癉者上帝君也板板辟也卒盡也癉病也言君上邪辟下民盡皆困病引之者證君使民惑之事此詩大雅板之篇刺厲王之詩。小雅曰匪其止共惟王之邛者小雅巧言之篇刺幽王之詩也言小人在朝不止息於恭敬惟爲姦惡使王之邛勞引之者證臣使君勞也。

子曰政之不行也教之不成也爵祿不足勸也刑罰不足恥也故上不可以褻刑而輕爵言政教所以明賞罰。褻息列反。康誥曰敬明乃罰甫刑曰播刑之不迪康康叔也作誥尚書篇名也播猶施也不衍字耳迪道也言施刑之道。播徐補餓反迪音狄衍延善反疏子曰至不迪。正義曰此一節明慎賞罰之事。政之不行也教之不成也者皇氏云言在上政令所以不行教化所以不成者秪由君上爵祿加於小人不足勸人爲善也由刑罰加於無罪之人不足恥其爲惡由賞罰失所故致政之不行教之不成也。故上不可以褻刑而輕爵者刑爵不中則懲勸失所故君上不可輕褻之。康誥曰敬明乃罰者證刑罰不可褻也周公作康誥誥康叔云女所施刑罰必敬而明之也。甫刑曰播刑之不迪不爲衍字迪道也此穆王戒羣臣云今爾何監非是伯夷布刑之道言所爲監鏡者皆是伯夷布刑之道引之者證重刑之義也

子曰大人不親其所賢而信其所賤民是以親失而教是以煩親失失其所當親也教煩由信賤也賤者無一德也詩云彼求我則如不我得執我仇仇亦不我力言君始求我如恐不得我既得我持我仇仇然不堅固亦不力用我是不親信我也。仇音求爾雅云讎也。君陳曰未見聖若己弗克見既見聖亦不克由聖克能也由用也。陳本亦作古陳字若己弗克見音紀尚書無己字疏子曰至由聖。正義曰此一節明在下羣臣無問大小皆須恭敬謹慎又君無以小臣而謀大事也。大臣不親百姓不寧則忠敬不足富貴已過也者沈氏云謂大臣離二不與上相親政教煩苛故百姓不寧若其如此臣不忠於君君不敬於臣是忠敬不足所以致然也由君與臣富貴已過極也。大臣不治而邇臣比矣者大臣不肯爲君理治職事由邇近之臣與上相親比故也。邇臣不可不慎也是民之道也者邇近也言親近之臣不可不慎擇其人道謂道路言邇臣是民之道路邇臣好則人從之好邇臣惡則人從之惡也。君毋以小謀大者言君無得與小臣而謀大臣之事也。毋以遠言近者無得以遠臣共言近臣之事也。毋以內圖外者無得以內臣共圖謀外臣之事所以然者小大之臣意殊遠近之臣不同恐各爲朋黨彼此交爭轉相陷害故不圖謀也則大臣不怨邇臣不疾而遠臣不蔽矣者若能如此則外內情通小大意合大臣

不怨恨於君也疾猶非也近臣不爲人所非毀而遠臣不被障蔽故也。葉公之顧命曰毋以小謀敗大作者此葉公顧命之書無用小臣之謀敗損大臣之作。毋以嬖御人疾莊后者莊后謂齊莊之后是適夫人也無得以嬖御賤人之爲非毀於適夫人。毋以嬖御士疾莊士者言毋得以嬖御之士非毀齊莊之士。大夫卿士者覆說言莊士即大夫卿之典事者士事也注言近以見遠言大以見小互言之。正義曰言近以見遠謂言近臣親比則遠臣不親比云言大以見小謂大臣不治小臣治也故云互言之也。注大臣至陷害。正義曰由大臣執權於外小臣執命於內或大臣忌小臣或小臣忌大臣所以內外交爭若共圖謀轉相陷害故所謀之事各於其黨與大臣謀大臣與小臣謀小臣是各於其黨中知其過失審悉也。注葉公楚縣公葉公子高也。正義曰知葉公子高者左傳云世本文云臨死遺書曰顧命者約尚書顧命之篇。子曰至由聖。正義曰此節明君不信用臣也不親其所賢而信其所賤者謂在上親任其所賢有德之人而信用其所賤無德者民是以親失者言以此化民民效於上失其所當親惟親愛羣小也。而教是以煩者言羣小被親既無一德政教所以煩亂也。詩云彼求我則如不我得此詩小雅正月之篇刺幽王之詩言彼幽王初求我賢人如不得於我言禮命煩多也。執我仇仇亦不我力者既得賢人執留我仇仇然不堅固亦不於我上以力而用我引之者証不親其所賢也。君陳曰未見聖若已弗克見既見聖亦不克由聖者此尚書君陳篇成王戒君陳之辭也言凡人未見聖道之時如似已不能見既見聖道亦不能用之也

政治

子曰南人有言曰人而無恒不可以爲卜筮古之遺言與龜筮猶不能知也而況於人乎恒常也不可爲卜筮言卦兆不能見其情定其吉凶也○與音餘詩云我龜既厭不我告猶猶道也言褻而用之龜厭之不告以吉凶之道也兊命曰爵無及惡德民立而正事純而祭祀是爲不敬事煩則亂事神則難惡德無恒之德純猶皆也言君祭祀賜諸臣爵毋與惡德之人也民將立以爲正言放傚之疾事皆如是而以祭祀是不敬鬼神也惡德之人使事煩事煩則亂使事鬼神又難以得福也純或爲頭○兊音悅毋音無放方往反傚戶教反易曰不恒其德或承之羞恒其德偵婦人吉夫子凶差猶辱也偵問也問正爲偵婦人從人者也以問正爲常德則吉男子當專行幹事而以問正爲常德是亦無恒之人也○偵音貞周易作貞幹古半反

疏子曰至子凶○正義曰此一節明爲人臣之法當有恒也○人而無恒不可以爲卜筮者南人殷掌卜之人有遺餘之言稱云人而性行無恒不可爲卜筮古之遺言與龜筮猶不能得知無恒之人而況於凡人乎○詩云我龜既厭不我告猶者小雅小旻之篇刺幽王之詩言幽王性行無恒數瀆卜筮故云我龜既厭倦於卜不於我身告其吉凶之道也引之者証無恒之人不可以爲卜筮也○兊命曰爵無及惡德者此尚書傳說告高宗之辭云祭祀之末爵人之時無復及此惡德之人惡德無恒者也○民立而正事純而祭祀者純皆也言若爵此惡德之人則立之以爲正事在下必學之若毎事皆爵此惡德之人而以祭祀是不敬鬼神也言無恒之人不可祭祀也○事煩則亂者言若使無恒惡德之人主掌祭祀其事則○煩事煩則致亂也○事神則難者若使惡德之人事其鬼神則難得其福○易曰不恒其德或承之羞者恒卦九三爻辭言人若不恒常其德故承之羞辱引之者証人而無恒其行惡也○恒其德偵婦人吉夫子凶者此恒卦六五爻辭偵正也言恒常其德問正於人婦人吉也以婦人不自專常須問正於人故得吉夫子男子也當須自專權幹於事若問正於人失男子之道故爲凶引之者証男子之無恒德其行惡也○注純猶至福也○正義曰言君祭祀賜諸臣爵無與惡德之人也者此經直云爵無及惡德必知因祭祀賜諸臣爵者以下云事純而祭祀是爲不敬故知因祭祀也云事皆如是而以祭祀是不敬鬼神也者言於祭祀之末不可爵此惡德人也○注羞猶至人也○正義曰此不恒其德或承之羞者是易恒卦巽下震上九三爻辭得正互體爲乾乾有剛健之德體在巽巽爲進退是不恒其德也又互體爲兊兊爲毀折是將有羞辱也云問正爲偵者此恒其德偵恒卦六五爻辭以陰爻而處尊位是天子之女又互體兊兊爲和説至尊主家之女以和悅幹其家事問正於人故爲吉也應在九二又男子之象體在巽巽爲進退是無所定而婦言是從故云夫子凶也

緇衣

子曰苟有車必見其軾苟有衣必見其敝人苟或言之必聞其聲苟或行之必見其成言凡人舉事必有後驗也見其軾謂載也敝敗衣也衣或在內新時不見○軾音式敝鄭婢世反敗也庾必世反隱蔽也人苟或言之一本無人字不見如字又賢遍反葛覃曰服之無射射厭也言已顯采葛以爲君子之衣令君子服之無厭言不虛也○覃徒南反射音亦注同厭於豔反後皆同令力呈反疏予曰至無射○正義曰此明人言行必慎其所終也將之故先以二事爲譬喻也○苟有其車必見其軾者言人苟稱家有車必見其車有載於物不可虛也言有車無不載也○苟有其衣必見其敝者言人苟稱家有衣必見其所著之衣有終敝破也不虛稱有衣而無敝也○人苟或言之必聞其聲者既稱有言必聞其聲不可有言而無聲也○苟或行之必見其成者人苟稱有行此事必須見其成驗不可虛稱有行而無成驗也葛覃曰服之無射者此周南葛覃之篇美后妃之德也詩之本意言后妃習絺綌之事而無厭倦之心此則斷章云采葛爲君子之衣君子得而服之無厭倦也言君子實得其服而不虛也引之者証人之所行終須有效也○注衣或在內新時不見○正義曰以經云苟有其車必見其載苟有其衣當言必見其著今乃云必見其敝以求初新著時或在內裏人不見也其敝破棄時乃始見故云必見其敝○子曰言從而行之則言不可飾也行從而言之則行不可飾也從猶隨也○行從下孟反下則行下注以行同故君子寡言而行以成其信則民不得大其美而小其惡以行爲驗虛言無益於善也寡當爲顧聲之誤也○寡音顧出注○詩云白圭之玷尚可磨也斯言之玷不可爲也玷缺也言圭之缺尚可磨而平之言之缺無如之何○玷丁簟反又丁念反下及注同摩莫何反○小雅曰允也君子展也大成允信也展誠也君奭曰昔在上帝周田觀文王之德其集大命于厥躬奭召公名也作尚書篇名也古文周田觀文王之德爲割申勸寧王之德今博士讀爲厥亂勸寧王之德三者皆異古文似近之割之言蓋也言文王有誠信之德天蓋申勸之集大命於其身謂命之使王天下也○奭音釋周田觀文依注讀爲割申勸寧召尚照反本亦作卲近附近之近王于況反疏予曰至厥躬○正義曰此一節明重言行之事○言從而行之則言不可飾也者從隨也謂言在於先而後隨以行之言當須實不可虛飾也○行從而言之則行不可飾也者謂行在於前言隨於後論說於行則行當須先實不可虛飾也○故君子寡言而行以成其信者以其言行相副之故君子當顧言而行以成其信也○則民不得大其美而小其惡者必須以行爲驗不用虛辭爲此之故則人不得虛增大其美事而減小其惡事由美惡大小皆驗於行也○詩云白圭之玷尚可磨也此大雅抑之篇刺厲王之詩也白圭之玉玷缺尚可磨而平之此言語玷缺不可爲而改之是無如之何也○小雅曰允也君子展也大成者此詩小雅車攻之篇美宣王之詩也允信也言信實矣君子謂宣王展誠也誠實矣而大成大平也引之者証言信爲本○君奭曰昔在上帝者此周公告君奭之辭也上帝天也言往昔之時在上天也○周田觀文王之德周當爲割田當爲申觀當爲勸言文王有誠信之德故上天蓋申重奬勸文王之

德○其集大命于厥躬者以文王誠信故天命之引之者證言當誠信也○注奭召至下也○正義曰案周書序云召公爲保周公爲師召公不說周公作君奭君奭經云公曰君奭是奭爲召公名也謂周公既致政仍留爲大師召公謂其貪於寵祿故不說也周公以善告之名篇爲君奭故云尚書篇名也云古文周田觀文王之德爲割申勸寧王之德者以伏生所傳歐陽夏侯所注者爲今文尚書以衞賈馬所注者元從壁中所出之古文即鄭注尚書是也此周字古文爲割此

十三經注疏　禮記五十五　緇衣　十二

田字古文作申此觀字古文爲勸皆字體相涉今古錯亂此文尚書爲寧王亦義相涉也云今博士讀爲厥亂勸寧王之德者謂今文尚書讀此周田觀文王之德爲厥亂勸寧王之德也云三者皆異古文似近之者三者謂此禮記及古文尚書幷今博士讀者三者其文各異而古文周田爲割申其字近於義理故云古文似近之云割之言蓋也割蓋聲相近故割讀爲蓋謂天蓋申勸之禮尚書猶爲割謂割制其義與此不同○

政治。然

治國在齊家

平天下在治國

所謂治國必先齊其家者其家不可教而能教人者無之故君子不出家而成教於國孝者所以事君也弟者所以事長也慈者所以使衆也康誥曰如保赤子心誠求之雖不中不遠矣未有學養子而後嫁者也養子者推心爲之而中於赤子之嗜欲也。弟音悌長丁丈反下長長并注同中丁仲反注同嗜欲時志反。一家仁一國興仁一家讓一國興讓一人貪戾一國作亂其機如此此謂一言僨事一人定國一家一人謂人君也戾之言利也機發動所由也僨猶覆敗也春秋傳曰登戾之又曰鄭伯之車僨於濟戾或爲吝僨或爲犇。戾力計反賁徐音奮本又作僨注同覆芳福反濟子禮反犇音奔堯舜率天下以仁而民從之桀紂率天下以暴而民從之其所令反其所好而民不從言民化君行也君好貨而禁民淫於財利不能正也。好呼報反注同行下孟反或如字。是故君子有諸己而后求諸人無諸己而后非諸人所藏乎身不

恕而能喻諸人者未之有也故治國在齊其家有於己謂有仁讓也無於己謂無貪戾也詩云桃之夭夭其葉蓁蓁之子于歸宜其家人宜其家人而后可以教國人詩云宜兄宜弟宜兄宜弟而后可以教國人詩云其儀不忒正是四國其爲父子兄弟足法而后民法之也此謂治國在齊其家夭夭蓁蓁美盛貌之子者是子也。夭於驕反蓁音臻忒他得反。所謂平天下在治其國者上老老而民興孝上長長而民興弟上恤孤而民不倍是以君子有絜矩之道也老老長長謂尊老敬長也恤憂也民不倍不相倍棄也絜猶結也挈也矩法也君子有挈法之道謂當執而行

之動作不失之倍或作偝矩或作巨○弟音悌倍音佩注同絜音結拒之音矩本亦作矩偝棄音佩本亦作倍下同挈也苦結反巨音拒本亦作矩其呂反○所惡於上毋以使下所惡於下毋以事上所惡於前毋以先後所惡於後毋以從前所惡於右毋以交於左所惡於左毋以交於右此之謂絜矩之道絜矩之道善持其所有以恕於人耳治國之要盡於此○惡烏路反下皆同毋音無下同詩云樂只君子民之父母民之所好好之民之所惡惡之此之謂民之父母言治民之道無他取於己而已○只音紙好好皆呼報反詩云節彼南山維石巖巖赫赫師尹民具爾瞻有國者不可以不慎辟則爲天下僇矣巖巖喻師尹之高嚴也師尹天子之大臣爲政者也言民皆視其所行而則之可不慎其德乎邪辟失道則有大刑○節前切反又音如字巖五銜反辟匹亦反又必益反與僻同僇力竹反與戮同注同詩云殷之未喪師克配上帝儀監于殷峻命不易道得衆則得國失衆則失國是故君子先慎乎德有德此有人有人此有土有土此有財有財此有用德者本也財者末也外本內末爭民施奪是故財聚則民散財散則民聚是故言悖而出者亦悖而入貨悖而入者亦悖而出師衆也克能也峻大也言殷王帝乙以上未失其民之時德亦有能配天者謂天享其祭祀也及紂爲惡而民怨神怒以失天下監視殷時之事天之大命得之誠不易也道猶言也用謂國用也施奪施其劫奪之情也悖猶逆也言君有逆命則民有逆辭也上貪於利則下人侵畔老子曰多藏必厚亡○喪息浪反峻恤俊反易以豉反注同爭爭鬬之爭施如字悖布內反下同上時掌反藏才浪反康誥曰惟命不于常道善則得之不善則失之矣于於也天命不於常言不專祐一家也○專佑音又楚書曰楚國無以爲寶惟善以爲寶楚書楚昭王時書也言以善人爲寶時謂觀射父昭奚恤也○射父食亦反又食夜反父音甫舅犯曰亡人無以爲寶仁親以爲寶舅犯晉文公之舅狐偃也亡人謂文公也時辟驪姬之讒亡在翟而獻公薨秦穆公使子顯弔因勸之復國舅犯爲之對此辭也仁親猶言親愛仁道也明不因喪規利也○辟音避驪力宜反本內作麗亦作孋同翟音狄顯許遍反爲之于僞反○秦誓曰若有一个臣斷斷兮無他技其心休休焉其如有容焉人之有技若己有之人之彥聖其心好之不啻若自其口出寔能容

之以能保我子孫黎民尚亦有利哉人之有技娼嫉以惡之人之彥聖而違之俾不通寔不能容以不能保我子孫黎民亦曰殆哉秦誓尚書篇名也秦穆公伐鄭爲晉所敗於殽還誓其羣臣而作此篇也斷斷誠一之貌也他技異端之技也有技才藝之技也若已有之不啻若自其口出皆樂人有善之甚也美士爲彥黎衆也尚庶幾也娼妒也違猶戾也俾使也佛戾賢人所爲使功不通於君也殆危也彥㦯作盤。一个古賀反尚書作介音界臣此所引與尚書文小異斷丁亂反無它音他技其綺反下及注同休休許虯反尚書傳曰樂善也鄭注尚書云寬容貌何休注公羊云美大之貌好呼報反啻音試詩豉反娼莫報反尚書作冒音同謂覆蔽也惡烏路反下能惡人同俾本又作卑必爾反敗必邁反殽戶交反樂音岳又音洛妬丁路反佛戾上扶弗反下力計反唯仁人放流之迸諸四夷不與同中國此謂唯仁人爲能愛人能惡人放去惡人娼嫉之類者獨仁人能之如舜放四罪而天下咸服。迸比孟反又逼諍反諍音爭鬬之爭皇云迸猶屏也去丘呂反。見賢而不能舉舉而不能先命也見不善而不能退退而不能遠過也命讀爲慢聲之誤也舉賢而不能使君以先已是輕慢於舉人也。命依注音慢武諫反遠于萬反好人之所惡惡人之所好是謂拂人之性菑必逮夫身拂猶佹也逮及也。好呼報反下皆同惡烏路反下同拂扶弗反注同菑音哉下同逮音代一音大計反夫音扶佹九委反是故君子有大道必忠信以得之驕泰以失之道行所由生財有大道生之者衆食之者寡爲之者疾用之者舒則財恆足矣是不務祿不肖而勉民以農也。肖音笑仁者以財發身不仁者以身發財發起也言仁人有財則務於施與以起身成其令名不仁之人有身貪於聚斂以起財務成富。施始豉反子由孜反未有上好仁而下不好義者也未有好義其事不終者也未有府庫財非其財者也言君行仁道則其臣必義以義舉事無不成者其爲誠然如已府庫之時爲已有也孟獻子曰畜馬乘不察於雞豚伐冰之家不畜牛羊百乘之家不畜聚斂之臣與其有聚斂之臣寧有盜臣此謂國不以利爲利以義爲利也孟獻子魯大夫仲孫蔑也畜馬乘謂以士初試爲大夫也伐冰之家卿大夫以上喪祭用冰百乘之家有采地者也雞豚牛羊民之所畜養以爲財利者也國家利義不利財盜臣損財耳聚斂之臣乃損義論語曰季氏富於周公而求也爲之聚斂非吾徒也小子鳴鼓而攻之可也。畜許六反下同乘徐繩證反下及注同蔑莫結反以上時掌反采七代反本亦作菜爲之于僞反。長國家而務財用者必自小人矣言務聚財爲已用者必忘義是小人所爲也。長丁丈反彼爲善之小人之使爲國家菑害並至雖有善者亦無如之何矣彼君也君將欲以仁義善其政而使小人治其國家之事患難猥至雖云有善不能救之以其惡之已著也。難乃旦反猥烏罪反捄音救本亦作救著張慮反。此謂[illegible]不以利爲利以義爲利也

○此謂至其家此一節覆明前經治國齊家之事○康誥曰如保赤子者此成王命康叔之辭赤子謂心所愛之子言治民之時如保愛赤子愛之甚也○心誠求之雖不中不遠矣者言愛此赤子內心精誠求赤子之嗜欲雖不能正中其所欲去其所嗜欲其不甚遠言近其赤子之嗜欲爲治人之道亦當如此也○未有學養子而后嫁者也言母之養子自然而愛中當赤子之嗜欲非由學習而來故云未有學養子而后嫁者此皆本心而爲之言皆喻人君也○一家仁一國興仁一家讓一國興讓者言人君行善於家則外人化之故一家一國皆仁讓也○一人貪戾一國作亂者謂人君一人貪戾惡事則一國學之作亂○其機如此者機謂關機也動於近成於遠善惡之事亦發於身而及於一國也○此謂一言僨事一人定國者僨猶覆敗也謂人君一言覆敗其事謂惡言也一人定國謂由人君一人能定其國謂善政也古有此言今記者引所爲之事以結之上云一人貪戾一國作亂是一言僨事也又云一家仁讓則一國仁讓是知一人定國也一家則一人也皆謂人君是一人之身先治一家乃後治一國其所令反其所好而民不從者令謂君所號令之事若各隨其行之所好則人從之其所好者是惡所令者是善則所令之事反其所好雖欲以令禁人人不從也是故君子有諸已而后求諸人者諸於也謂君子有善行於已而后可以求於人使行善行也謂於已有仁讓而后可求於人之仁讓也無諸已而后非諸人者謂無惡行於已而后可以非責於人爲惡行也謂無貪利之事於已而後非責於人也○所藏乎身不恕而能喻諸人者未之有也者謂所藏積於身既不恕實而能曉喻於人使從已者未之有也言無善行於身欲曉喻於人爲善行不可得也○詩云桃之夭夭其葉蓁蓁者此周南桃夭之篇論昏姻及時之事言桃之夭夭少壯其葉蓁蓁茂盛喻婦人形體少壯顏色茂盛之時似桃之夭夭也○之子于歸宜其家人者之子者是子也歸嫁也宜可以爲夫家之人引之者取宜其家人之事○宜其家人而後可以教國人者言人既家得宜則可以教國人也○詩云宜兄宜弟者此小雅蓼蕭之篇美成王之詩詩之本文言成王有德宜爲人兄宜爲人弟此記之意宜兄宜弟謂自與兄弟相善相宜也既爲兄弟相宜而可兄弟之意而後可以教國人也○詩云其儀不忒正是四國者此曹風鳲鳩之篇忒差也正長也言在位之君子威儀不有差忒可以正長是四方之國言可法則也○其爲父子兄弟足法而后民法之也者此謂治國在齊其家謂其脩身於家在室家之內使父子兄弟足可○方法而後民皆法之也是先齊其家而後能治其國也○注一家至於濟○正義曰一家一人謂人君也者以經言治家故知是人君也若文王刑于寡妻至于兄弟以御于家邦是也云春秋傳曰登戾之者此隱五年公羊傳文案彼傳文公觀魚于棠何以書譏何譏爾遠也公曷爲遠而觀魚登來之也彼注意謂以思得而來之齊人語謂登來爲得來也聲有緩急得爲登謂隱公觀魚於棠得此百金之魚而來觀之公羊傳爲登來鄭所引公羊本爲登戾之以來爲戾與公羊本不同也鄭意以戾爲貪戾故引以證經之貪戾也○云又曰鄭伯之車僨於濟者隱三年左傳文○所謂平天下在治其國者正義曰自此以下至終篇覆明上文平天下在治其國之事但欲平天下先須治國治國事多天下理廣非一義可了故廣而明之言欲平天下先須脩身然後及物自近至遠自內至外故初明絜矩之道次明散財於人之事次明用善人遠惡人此皆治國治天下之綱故揔而詳說也今各隨文解之○上恤孤而民不倍者孤弱之人人所遺棄是上君長若能憂恤孤弱不遺則下民學之不相棄倍此人是以君子有絜矩之道也者絜猶結也矩法也言君子有執結持矩法之道動而無失以此加物物皆從之也○所惡於上毋以使下者此以下皆是絜矩之道也譬諸侯有天子在於上有不善之事加已已惡之則不可迴持此惡事使已下者爲之也○所惡於下毋以事上者言臣下不善事已已所有惡則已不可持此惡事迴以事已之君上也○所惡於前毋以先後者前謂在已之前不以善事施已已所憎惡則無以持此惡事施於後人也所惡於後毋以從前者後謂在已之後不以善事施已已則無以惡事施於前行之人也○所惡於右毋以交於左者謂與已平敵或在已右或在已左以惡加已已所憎惡則無以此惡事施於左人舉此一隅餘可知也○此之謂絜矩之道者上經云君子有絜矩之道也其絜矩之義未明故此經中說能持其所有以待於人恕已接物

即絜矩之道也。詩云樂只君子民之父母此記者引之又申明絜矩之道若能以己化從民所欲則可謂民之父母此
小雅南山有臺之篇美成王之詩也只辭也言能以己化民從民所欲則可爲民父母矣。民之所好好之者謂善政恩
惠是民之願好己亦好之以施於民若發倉廩賜貧窮賑乏絕是也。民之所惡惡之者謂苛政重賦是人之所惡己亦
惡之而不行也。詩云節彼南山者上經說恕己待民此經明己須戒慎也詩云節彼南山維石巖巖此小雅節南山之
篇刺幽王之詩言幽王所任大臣非其賢人也節然高峻者是彼南山維積累其石巖巖然高大喻幽王大臣師尹之尊
嚴。赫赫師尹民具爾瞻者赫赫顯盛貌是太師與人爲則者具俱也爾汝也在下之民俱於汝而瞻視之言皆視師尹
而爲法此記之意以喻人君在上民皆則之不可不慎。有國者不可以不慎者有國謂天子諸侯言民皆則上所行而
則之不可不慎其德乎宜慎之也。辟則爲天下僇矣者僇謂刑僇也君若邪辟則爲天下之民共所誅討若桀紂是也
。詩云殷之未喪師克配上帝此一經明治國之道在貴德賤財此大雅文王之篇美文王之詩因以戒成王也克能也
師衆也言殷自紂父帝乙之前未喪師衆之時所行政教皆能配上天而行也。儀監于殷峻命不易者儀宜也監視也
今成王宜監視于殷之存亡峻大也奉此天之大命誠爲不易言其難也。道得衆則得國失衆則失國者道猶言也詩
所云者言帝乙以上得衆則得國言殷紂失衆則失國也。有德此有人者有德之人人之所附從故有德此有人也有
人此有土者有人則境土寬大故有土也。有土此有財言有土則生殖萬物故有財也。有財此有用者爲國用有財
豐以此而有供國用也。德者本也財者末也者德能致財財由德有故德爲本財爲末也。外本內末爭民施奪者外
疏也內親也施奪謂施其劫奪之情也君若親財而疏德則爭利之人皆施劫奪之情也。是故財聚則民散財散則民
聚者事不兩興財由民立君若重財而輕民則民散也若散財而賙恤於民則民咸歸聚也。是故言悖而出者亦悖而
入者悖逆也若人君政教之言悖逆人心而出行者則民悖逆君上而入以報荅也謂拒違君命也。貨悖而入者亦悖
而出者若人君厚斂財貨悖逆民心而入積聚者不能久如財人畔於上財亦悖逆君心而散出也言衆畔親離財散非
君有也。注師衆至厚亡。正義曰師衆也峻大也皆釋詁文爾雅峻字馬旁爲之與此同也克能也釋言文也云君有
逆命則民有逆辭也者君有逆命解經言悖而出也民有逆辭解經亦悖而入謂人有逆命之辭以拒君也云老子曰多
藏必厚亡者言積聚藏之既多必厚重而散亡也引之者證貨悖而入亦悖而出。康誥曰惟命不于常者謂天之命不
於是常住在一家也道善則得之不善則失之矣書之本意言道爲善則得之不善則失之是不常在一家也。舅犯曰
亡人無以爲寶仁親以爲寶者此舅犯勸重耳之辭於時重耳逃亡在翟秦穆公欲納之反國而勸重耳不受秦命對秦
使云奔亡之人無以貨財爲寶唯親愛仁道以爲寶也。注楚書至奚恤。正義曰鄭知是楚昭王時書者案楚語云楚昭
王使王孫圉聘於晉定公饗之趙簡子鳴玉以相問於王孫圉曰楚之白珩猶在乎其爲寶幾何矣王孫圉對曰未嘗爲
寶楚之所寶者曰觀射父能作訓辭以行事於諸侯使無以寡君爲口實又新序云秦欲伐楚使者觀楚之寶器楚王召
昭奚恤而問焉對曰寶器在賢臣王遂使昭奚恤應之昭奚恤發精兵三百人陳於西門之內爲東面之壇一南面之壇
四西面之壇一秦使者至昭奚恤曰君客也請就上居東面之壇令尹子西南面太宗子牧次之葉公子高次之司馬子

十三經注疏　禮記六十　大學　八

發次之昭奚恤自居西面之壇稱曰客欲觀楚之寶器乎楚之所寶者即賢臣也唯大國之所觀秦使無以對也使歸告
秦王曰楚多賢臣無可以圖之何知有觀射父昭奚恤者案戰國義云楚王築壇昭奚恤等立於壇上楚王指之謂秦使
曰此寡人之寶故知有昭奚恤等也謂賢爲寶者案史記云理百姓實府庫使黎甿得所者有令尹子西而能也執法令
奉圭璋使諸侯不怨兵車不起者有大宗子牧能也守封疆固城郭使鄰國不侵亦不侵鄰國者有葉公子高能也整師

旅治兵戈使蹈白刃赴湯蹈火萬死不顧一生者有司馬子發能也坐籌帷幄之中決勝千里之外懷霸王之業撥理亂之風有大夫昭奚恤能也是皆爲寶也引之者證爲君長能保愛善人爲寶也。注舅犯至利也。正義曰舅犯晉文公之舅狐偃者左傳文也云時避驪姬之讒亡在翟而獻公薨秦穆公使子顯弔之因勸之復國舅犯爲之對此辭也檀弓篇文。秦誓曰者此一經明君臣進賢詘惡之事秦誓尚書篇名秦穆公伐鄭爲晉敗於殽還歸誓羣臣而作此篇是秦穆公悔過自誓之辭記者引之以明好賢去惡也。若有一介臣斷斷兮者此秦穆公誓辭云羣臣若有一耿介之臣斷斷然誠實專一謹慤兮是語辭古文尚書兮爲猗言有一介之臣其心斷斷猗猗然專一與此本異。無他技其心休休爲其如有容焉者言此專一之臣無他奇異之技惟其心休休然寬容形貌似有包容如此之人我當任用也。人之有技若已有之者謂見人有技藝欲得親愛之如已自有也。人之彥聖其心好之不啻若自其口出者謂見人有才彥美通聖其心中愛樂不啻如自其口出心愛此彥聖之美多於口說言其愛樂之甚也。寔能容之以能保我子孫黎民尚亦有利哉者寔是也若能好賢如此是能有所包容則我國家得安保我後世子孫黎衆也尚庶幾也非直子孫安其下衆人皆庶幾亦望有利益哉也。人之有技媢嫉以惡之者上明進賢之善此論蔽賢之惡也媢妬也見人有技藝則掩蔽媢妬疾以憎惡之也。人之彥聖而違之俾不通者見他人之彥聖而違戾抑退之俾使也使其善功不通達於君尚書通爲達字也。寔不能容以不能保我子孫黎民亦曰殆哉者若此蔽賢之人是不能容納家國將亡不能保我子孫非唯如此衆人亦曰殆危哉。注秦誓至危也。正義曰秦穆公伐鄭爲晉所敗於殽還誓其羣臣而作此篇也者案尚書序秦穆公伐鄭晉襄公帥師敗諸崤還歸作秦誓又左傳僖三十二年秦穆公興師伐鄭蹇叔等諫之公不從爲晉人與姜戎要而擊之敗諸崤是其事也云美士爲彥者爾雅釋訓文黎衆也俾使也皆釋詁文尚庶幾者釋言文爾雅庶幾尚也是尚爲庶幾矣云媢妬也者說文云媢夫妬婦是媢爲妬也。唯仁人放流之迸諸四夷不與同中國者言唯仁人之君能放流此蔽善之人使迸遠在四夷不與同在中國若舜流四凶而天下咸服是也。此謂唯仁人爲能愛人能惡人者既放此蔽賢之人遠在四夷是仁人能愛善人惡不善之人。見賢而不能舉舉而不能先命也者此謂凡庸小人見此賢人而不能舉進於君假設舉之又不能使在其已之先是爲慢也謂輕慢於舉人也。見不善而不能退退而不能遠過也者此謂小人見不善之人而不能抑退之假令抑退之而不能使遠退之過者言是愆過之人也。好人之所惡者人謂君子君子所惡者凶惡之事今乃愛好凶惡是好人之所惡也。惡人之所好者君子所好仁義善道今乃惡此仁義善道是惡人之所好也。是謂拂人之性者。若如此者是謂拂戾善人之性。菑必逮夫身者菑及也如此菑必及夫身矣。是故君子有大道者大道謂所由行孝悌仁義之大道也。必忠信以得之驕泰以失之者言此孝悌仁義必由行忠信以得之由身驕泰以失之也。生財有大道者此一經明人君當先行仁義愛省國用以豐足財物上文大道謂孝悌仁義之道此言人君生殖其財有大道之理則下之所云者是也。生之者衆者謂爲農桑多也。食之者寡者謂減省無用之費也。爲之者疾者謂百姓急營農桑事業也。用之者舒者謂君上緩於營造費用也。則財恒足矣者言人君能如此則國用恒足。仁者以財發身者謂仁德之君以財散施發起身之令名也。不仁者以身發財者言不仁之人唯在吝嗇務於積聚勞役其身發起其財此在治家治國天下之科皆謂人君也。未有上好仁而下不好義者也言在上人君好以仁道接下其下感君仁恩無有不愛好於義使事皆得其宜也。未有好義其事不終者也言臣下悉皆好義百事盡能終成故云未有好義其事不終者言皆能終成也。未有府庫財非其財者也又爲人君作譬也君若行仁民必報義義必終事譬如人君有府庫之財必還爲所用也故云未有府庫財非其財者也。注其爲至有也。正義曰言君行仁道則臣必爲義臣既行義事必終成以至誠相感必有實報如已有府庫之財爲已所有也其爲誠實而然言不虛也。孟獻子曰畜馬乘不察於雞豚者此一經明治國家不可務於積財若務於積財卽是小人之行非君上之道言察於雞豚之所利爲畜養馬乘士初試爲大夫不闚察於雞豚之小利○伐冰之家不畜牛羊者謂卿大夫喪祭用冰從固陰之處伐擊其冰以供喪祭故云伐冰也謂卿大夫爲伐冰之家不畜牛羊爲財利以食祿不與人爭

利也○百乘之家不畜聚斂之臣者百乘謂卿大夫有采地者也以地方百里故云百乘之家言卿大夫之家不畜聚斂之臣使賦稅什一之外徵求采邑之物也故論語云百乘之家是也○與其有聚斂之臣寧有盜臣者覆解不畜聚斂之臣[illegible]意若其有聚斂之臣寧可有盜竊之臣以盜臣但害財聚斂之臣則害義也○此謂國不以利爲利以義爲利也者言若能如上所言是國家之利但以義事爲國家利也○長國家而務財用者必自小人矣者言爲人君長於國家而務積聚財以爲己財者必自爲小人之行也○注孟獻至可也○正義曰孟獻子魯大夫仲孫蔑者此據左傳文也畜馬乘謂以士初試爲大夫者案書傳士飾車騈馬詩云四牡騑騑大夫以上乃得乘四馬今下云伐冰之家百乘之家家是卿大夫今别去畜馬乘者不察雞豚故知士初試爲大夫者也伐冰之家卿大夫者案昭四年左傳云大夫命婦喪浴用冰喪大記注云士不用冰故知卿大夫也士若恩賜及食而得用亦有冰也但非其常故士喪禮賜冰則夷槃可也左傳文云食肉之祿冰皆與焉是也云百乘之家有采地者也此謂卿也故論語云百乘之家鄭云采地一同之廣輪是也○彼爲至利也○前經明遠財重義是不以利爲利以義爲利此經明爲君治國棄遠小人亦是不以利爲利以義爲利也○彼爲善之彼謂君也君欲爲仁義之道善其政教之語辭故云彼爲善之小人之使爲國家菑害並至者言君欲爲善反令小人使爲治國家之事毒害於下故菑害患難則並皆來至○雖有善者亦無如之何矣者既使小人治國其君雖有善政之亦無能奈此患難之何言不能止之以其惡之已著故也

所謂齊其家在脩其身者人之其所親愛而辟焉之其所賤惡而辟焉之其所畏敬而辟焉之其所哀矜而辟焉之其所敖惰而辟焉故好而知其惡惡而知其美者天下鮮矣故諺有之曰人莫知其子之惡莫知其苗之碩此謂身不脩不可以齊其家之適也譬猶喻也言適彼而以心度之曰吾何以親愛此人非以其有德美與吾何以敖惰此人非以其志行薄與反以喻己則身脩與否可自知也鮮罕也人莫知其子之惡猶愛而不察碩大也○辟音譬下及注同譬喻也賤惡烏路反下惡而知同敖五報反惰徒臥反其惡惡上如字下烏路反鮮仙善反注同諺魚變反俗語也度徒洛反與音余下薄與同行下孟反○

○所謂齊其家在脩其身者此經重明前經齊家脩身之事○人之其所親愛而辟焉者之猶適也此言脩身之譬也設我適彼人見彼有德則為我所親愛當反自譬喻於我也以彼有德故為我所親愛則我若自脩身有德必然亦能使衆人親愛於我也○之其所賤惡而譬焉者又言我往之彼而賤惡彼人者必是彼人無德故也亦當迴以譬我我若無德則人亦賤惡我也○之其所畏敬而譬焉者又我往之彼而畏敬彼人必是彼人莊嚴故也亦迴其譬我我亦當莊敬則人亦必畏敬我○之其所哀矜而辟焉者又我往之彼而哀矜彼人必是彼人有慈善柔弱之德故也亦迴譬我我有慈善而或柔弱則亦為人所哀矜也○之其所敖惰而辟焉者又我往之彼而敖惰彼人必是彼人邪僻故也亦迴譬我我若邪僻則人亦敖惰於我也故好而知其惡惡而知其美者天下鮮矣者知識也鮮少也人心多偏若心愛好之而多不知其惡若嫌惡之而多不知其美今雖愛好知彼有惡事雖憎惡知彼有美善天下之内如此者少矣○故諺有之曰人莫知其子之惡莫知其苗之碩者碩猶大也言人之愛子其意至甚子雖有惡不自覺知猶好而不知其惡也農夫種田恒欲其盛苗雖碩大猶嫌其惡以貪心過甚故不知其苗之碩若能以己子而方他子己苗而匹他苗則好惡可知皆以己而待他物也○此謂身不脩不可以齊其家者此不知子惡不知苗碩之人不脩其身身既不脩不能以己譬人故不可以齊整其家○注知適至大也○正義曰之適也釋詁文云反以喻己者謂見他人所親愛被賤惡以人類己他人之事反來自譬己身也云則身脩與否可自知也者謂彼人不脩則被賤惡敖惰己若不以脩身事亦然也若彼脩身則被親愛敬畏己若脩身亦當然也故云脩身與否可自知也云碩大也釋詁文

疏 大學至道矣。正義曰此經大學之道在於明明德在於親民在止於至善積德而行則近於道也。在明明德者言大學之道在於章明己之光明之德謂身有明德而更章顯之此其一也。在親民者言大學之道在於親愛於民是其二也。在止於至善者言大學之道在止處於至善之行此其三也言大學之道在於此三事矣。知止而后有定者更覆說止於至善之事既知止於至善而后心能有定不有差貳也。定而后能靜者心定無欲故能靜不躁求也。靜而后能安者以靜故情性安和也。安而后能慮者情既安和能思慮於事也。慮而后能得者既能思慮然後於事得安也。物有本末事有終始者若於事得宜而天下萬物有本有末經營百事有終有始也。知所先後者既能如此天下百事萬物皆識知其先後也。則近道矣者若能行此諸事則附近於大道矣。古之欲明明德於天下者前章言大學之道在明德親民止善覆說止善之事既畢故此經明明德之理。先治其國者此以積學能爲明德盛極之事以漸到今本其初故言欲章明己之明德使徧於天下者先須能治其國。欲治其國者先齊其家也欲齊其家者先脩其身言若欲齊家先須脩身也。欲脩其身者先正其心言若欲脩身必先正其心也。欲正其心者先誠其意者揔包萬慮謂之爲心情所意念謂之意若欲正其心使無傾邪必須先至誠在於憶念也若能誠實其意則心不傾邪也。欲誠其意者先致其知者言欲精誠其己意先須招致其所知之事言初始必須學習然後乃能有所知曉其成敗故云先致其知也。致知在格物此經明初以致知積漸而大至明德前經從盛以本初此經從初以至盛上下相結也致知在格物者言若能學習招致所知格來也己有所知則能在於來物若知善深則來善物知惡深則來惡物言善事隨人行善而來應之惡事隨人行惡亦來應之言善惡之來緣人所好也。物格而后知至者物既來則知其善惡所至善事來則知其至於善若惡事來則知其至於惡既能知至則行善不行惡也。知至而后意誠既能知至則意念精誠也。意誠而后心正者意能精誠故能心正也。國治而后天下平者則上明明德於天下是以自天子至庶人皆然也。壹是皆以脩身爲本者言上從天子下至庶人貴賤雖異所行此者專一以脩身爲本上言誠意正心齊家治國今此獨云脩身爲本者細別雖異其大略皆是脩身也。其本亂而末治者否矣本亂謂身不脩也末治謂國家治也言己身既不脩而望家國治者否矣否不也言不有此事也。其所厚者薄而其所薄者厚未之有也者此覆說本亂而末治否矣之事也。譬若與人交接應須敦厚以加於人今所厚之處乃以輕薄謂以輕薄待彼人也其所薄者厚謂己既與彼輕薄欲望所薄之處以厚重報己未有此事也言己以厚施人人亦厚以報己也若己輕薄施人人亦輕薄報己言事厚之與薄皆以身爲本也。此謂知本此謂知之至也者本謂身也既以身爲本若能自知其身是知本也是知之至

其臣也信

能行此五者則鄰國之民仰之若父母矣率其子弟攻其父母自生民以來未有能濟者也今諸侯誠能行此五事四鄰之民仰望而愛之如父母矣鄰國之君欲將其民來伐之譬若率勉人子弟使自攻其父母自生民以來何能以此濟成其欲也如此則無敵於天下無敵於天下者天吏也然而不王者未之有也言諸侯所行能如此者何敵之有是爲天吏天吏者天吏也爲政當爲天所使誅伐無道故謂之天吏也

疏孟子曰至未之有也○正義曰

政治

脩邑不敢修

季孫行父帥師城諸及運帥師者刺魯微弱臣下不可使邑久不脩不敢徒行興師厲衆然後敢城之言及者別君邑臣邑也○運二傳作鄆後皆爾疏注書帥至城之○解云如此注者正見隱七年夏城中丘之屬皆不言帥師故也言臣下不可使者即上八年公孫敖如京師不至復丙戌奔莒傳云不至復者何不至復也內辭也不可使往也之屬是也○注言及至邑也○解云正見昭五年莒牟夷以牟婁及防茲來奔彼傳云其言及防茲來奔何不以私邑累公邑也何氏云公邑君邑也私邑臣邑也累次也義不可使臣邑與公邑相次序故言及以絶之是也

文十二

政治

民讓事樂和愛親哀喪而後可用

晉侯將伐虢士蔿曰不可虢公驕若驟得勝於我必棄其民棄民不養之。無衆而後伐之欲禦我誰與夫禮樂慈愛戰所畜也夫民讓事樂和愛親哀喪而後可用也上之使民以義讓哀樂爲本言不可力強。畜勅六反下及注皆同哀樂音洛強其丈反

疏夫禮至用也○正義曰禮樂慈愛謂國君教民民間有此四者畜聚此事然後可與人戰故云戰所畜也士蔿既言其目更以其義覆之禮尚謙讓讓事謂禮也樂以和親樂和謂樂也慈謂愛之深也愛親謂慈也愛極然後哀喪哀喪謂愛也民間有此四事然後可用以戰

虢弗畜也亟戰將饑言虢不畜義讓而力戰○亟欺冀反饑居疑反又音機

政治

子問政於孔子孔子對曰政者正也子帥以正孰敢不正鄭曰康子魯上卿諸臣之帥也疏季康子問政至不正○正義曰此章言爲政在乎修己對曰政者正也者言政教者在於齊正也子帥以正孰敢不正者言康子爲魯上卿諸臣之帥也若己能每事以正則己下之臣民誰敢不正也

季康子患盜問於孔子孔子對曰苟子之不欲雖賞之不竊孔曰欲多情慾言民化於上不從其令從其所好疏季康子至不竊○正義曰此章言民從上化也季康子患盜問於孔子者時魯多盜賊康子患之問於孔子欲以謀去也孔子對曰苟子之不欲雖賞之不竊者孔子言民化於上不從其令從其所好苟誠也誠如子之不貪欲則民亦不竊盜非但不爲假令賞之民亦知恥而不竊也今多盜賊者正由子之貪欲故耳注孔曰至所好○正義曰云民化於上不從其令從其所好者大學曰堯舜率天下以仁而民從之桀紂率天下以暴而民從之其所令反其所好而民不從注云言民化君行也君若好貨而禁民淫於財利不能正也

季康子問政於孔子曰如殺無道以就有道何如孔曰就成也欲多殺以止姦孔子對曰子爲政焉用殺子欲善而民善矣君子之德風小人之德草草上之風必偃孔曰亦欲令康子先自正偃仆也加草以風無不仆者猶民之化於上疏季康子至必偃○正義曰此章言爲政不須刑殺但在上自正則民化之也季康子問政於孔子曰如殺無道以就有道何如者就成也康子之意欲多殺止姦以成爲有道也孔子對曰子爲政焉用殺者言子爲執政安用刑殺也子欲善而民善矣者言子若爲善則民亦化之爲善矣君子之德風小人之德草草上之風必偃者此爲康子設譬也偃仆也在上君子爲政之德若風在下小人從化之德如草加草以風無不仆者猶化民以正無不從者亦欲令康子先自正也

季康

顏淵

治政

子路問政子曰先之勞之孔曰先導之以德使民信之然後勞之易曰說以使民民忘其勞請益曰無倦孔曰子路嫌其少故請益曰無倦者行此上事無倦則可疏子路問政至無倦。正義曰此章言政先德澤也子曰先之勞之者言爲德政者先導之以德使民信之然後可以政役之事勞之則民從其令也請益者子路嫌其少故更請益之曰無倦者夫子言行此上事無倦怠則可也。注易曰說以使民民忘其勞。正義曰此周易兌卦彖辭文也言先以說豫撫民然後使之從事則民皆竭力忘其勞苦也引之以證先之勞之之義也

子路

子路曰衛君待子而爲政子將奚先 包曰問往將何所先行 子曰必也正名乎 馬曰正百事之名 子路曰有是哉子之迂也。奚其正 包曰迂猶遠也言孔子之言遠於事 子曰野哉由也 孔曰野猶不達 君子於其所不知蓋闕如也 包曰君子於其所不知當闕而勿據今由不知正名之義而謂之迂遠 名不正則言不順言不順則事不成事不成則禮樂不興禮樂不興則刑罰不中 孔曰禮以安上樂以移風二者不行則有淫刑濫罰 刑罰不中則民無所錯。手足故君子名之必可言也言之必可行也 王曰所名之事必可得而明言所言之事必可得而遵行 君子於其言無所苟而已矣

疏 子路至而已矣。正義曰此章論政在正名也子路曰衛君待子而爲政。子將奚先者奚何也案世家孔子自楚反乎衛是時衛君輒父不得立在外諸侯數以爲讓而孔子弟子多仕於衛衛君欲得孔子爲政故子路問之曰往將何以先行子曰必也正名乎者言將先正百事之名也子路曰有是哉子之迂也奚其正者迂猶遠也子路言豈有若是哉夫子之言遠於士。也何其正名乎子曰野哉由也者野猶不達也夫子見子路言迂故曰不達理哉此仲由也君子於其所不知蓋闕如也者此責子路不知正名之義而便言迂遠也言君子於其所不知蓋當闕而勿據今由不知正名之義而便謂之迂遠不亦野哉名不正則言不順言不順則事不成事不成則禮樂不興禮樂不興則刑罰不中刑罰不中則民無所錯手足者此孔子更陳正名之理也夫事以順成名由言舉名若不正則言不順序言不順序則政事不成政事不成則君不安於上風不移於下是禮樂不興行也禮樂不行則有淫刑濫罰故不中也刑罰枉濫民則蹐地局天動罹刑網故無所錯其手足也故君子名之必可言也言之必可行也君子於其言無所苟而已矣者此又言正名之事非爲苟且也君子名此事必使可明言言此事必可遵行君子於其所言無苟且若名之不可言言之不可行是苟且而言也。注孔曰至濫罰。正義曰云禮以安上樂以移風者

孝經廣要道章文言禮所以正君臣父子之別明男女長幼之序故可以安上化下風移俗易先入樂聲變隨人心正由君德正之與變因樂而彰故可以移風易俗也云二者不行則有淫刑濫罰者禮運云禮者所以治政安君也政不正則君位危君位危則大臣倍小臣竊刑肅而俗敝則法無常又樂記曰五刑不用百姓無患天子不怒如此則樂達矣故禮樂二者不行則刑罰淫濫而不中也。注王曰至遵行。正義曰云所名之事必可得而明言者若禮人名不以國以國則廢名是不可明言也云所言之事必可得而遵行者緇衣曰可言也不可行君子弗言也可行也不可言君子弗行也熊氏云君子賢人可行不可言作凡人法若曾子有母之喪水漿不入於口七日不可言說以爲法是不可遵行也是以可明言可遵行而後君子名言之也

豈以恭敬則不侮儉約則不奪故也如有侮奪人之君惟恐其民不順已之所欲安得爲恭儉者焉爲之恭儉又豈可以聲音笑貌爲之恭儉哉言人爲恭儉在心之所存不在於聲音與其笑貌爲之矣淳于髡曰男女授受不親禮與淳于髡齊人也問禮男女不相親授孟子曰禮也禮不親授曰嫂溺則援之以手乎髡曰見嫂溺水則當以手牽援之否邪曰嫂溺不援是豺狼也孟子曰人見嫂溺不援出是爲豺狼之心也男女授受不親禮也嫂溺援之以手者權也孟子告髡曰此權也權者反經而善也曰今天下溺矣夫子之不援何也髡曰天下之道溺矣夫子何不援之乎曰天下溺援之以道嫂溺援之以手子欲手援天下乎孟子曰當以道援天下而道不得行子欲使我以手援天下乎疏淳于髡曰至子欲手援天下乎○正義曰此章言權時之義者也淳于髡曰男女授受不親禮與者淳于髡齊國之人也

莊暴見孟子曰暴見於王王語暴以好樂暴未有以對也曰好樂何如莊暴齊臣也不能決知之故無以對而問曰王好樂何如孟
子曰王之好樂甚則齊國其庶幾乎王誠能大好古之樂齊國其庶幾治乎他日見於王曰王嘗語莊子以好樂有
諸孟子問王有是語否王變乎色曰寡人非能好先王之樂也直好世俗之樂耳變乎色慍恚莊子道其好樂也王言我不能好先聖
王之樂直好世俗之樂謂鄭聲也曰王之好樂甚則齊其庶幾乎今之樂猶古之樂也甚大也謂大要與民同樂古今何異也曰可得
聞與王問古今同樂之意寧可得聞邪曰獨樂樂與人樂樂孰樂孟子復問王獨自作樂樂邪與人共聽其樂爲樂邪曰不若與人王曰獨聽樂不如與衆共聽之爲樂
也曰與少樂樂與衆樂樂孰樂孟子復問王與少之人共聽樂樂邪衆人共聽樂樂也曰不若與衆王言不若與衆人共聽樂爲樂臣請爲王言
樂孟子欲爲王陳獨樂與衆人樂樂狀今王鼓樂於此百姓聞王鍾鼓之聲管籥之音舉疾首蹙頞而相告曰吾王
之好鼓樂夫何使我至於此極也父子不相見兄弟妻子離散鼓樂者樂以鼓爲節也管笙籥簫或曰籥若笛而短有三孔詩云左手執籥以
節衆也疾首頭痛也蹙頞愁貌言王擊鼓作樂發賦歛役皆出於民而德不加之故使民愁也今王田獵於此百姓聞王車馬之音見羽旄之美舉疾首
蹙頞而相告曰吾王之好田獵夫何使我至於此極也父子不相見兄弟妻子離散此無他不

與民同樂也田獵無節以非時取牲也羽旄之美但飾羽旄使之美好也發民驅獸共給役使不得休息故民窮極而離散奔走也今王鼓樂於此百姓聞王鍾鼓之
聲管籥之音舉欣欣然有喜色而相告曰吾王庶幾無疾病與何以能鼓樂也百姓欲令王康強而鼓樂也今無賦
歛於民而有惠益故欣欣然而喜也今王田獵於此百姓聞王車馬之音見羽旄之美舉欣欣然有喜色而相告曰
吾王庶幾無疾病與何以能田獵也此無他與民同樂也王以農隙而田不妨民時有憫民之心因田獵而加撫恤之是以民悅之也今王
與百姓同樂則王矣孟子言王何故不大好樂効古賢君與民同樂則可以王天下也何惡莊子之言王之好樂也疏莊暴見孟子至則王矣○正義曰此章言人君田獵以時鍾鼓有節與民同樂也莊

政治

鼎之歷史

天祚明德有所底止

卜世 [illegible] 年 [illegible] 政治

定

宣三

王使王孫滿勞楚子王孫滿周大夫。勞力報反楚子問鼎之大小輕重焉示欲偪周取天下。對曰在德不在鼎昔
夏之方有德也禹之世。夏戶雅反遠方圖物圖畫山川奇異之物而獻之貢金九牧使九州之牧貢金。鑄鼎象物象所圖物著之於鼎。鑄之樹
反著張慮反舊直略反百物而為之備使民知神姦圖鬼神百物之形使民逆備之故民入川澤山林不逢不若若順也螭
魅罔兩螭山神獸形魅怪物罔兩水神。螭勑知反魅亡備反本又作彪罔亡丈反兩本又作蜽音同說文云罔兩山川之精物也。疏注螭山至水神。正義曰螭山神獸形魅怪物先儒相傳為然魯語仲尼云木石之
怪夔罔兩水之怪龍罔象則罔兩是木石之神杜以為水神者魯語賈逵注云罔兩罔象言有夔龍之形而無實體然則罔兩罔象皆是虛無當揔彼之意非神名也上句言山林川澤則螭魅罔兩四神文十八年注螭魅山林異氣所生螭魅既為山
林之神則罔兩宜為川澤之神故以為水神也莫能逢之逢遇用能協于上下以承天休民無災害則上下和而受天祐。休許虯反下同祐音右桀有昏德
鼎遷于商載祀六百載祀皆年。載祀爾雅云商曰祀唐虞曰載周曰年夏曰歲。疏注載祀皆年。正義曰釋天云唐虞曰載商曰祀周曰年孫炎云載取物終更始祀取四時祭祀一訖年取年
穀一熟是載祀皆年之別名複言之耳律歷志云商三十一王六百二十九年商紂暴虐鼎遷于周德之休明雖小重也不可遷。紂直九反其姦回
昏亂雖大輕也言可移天祚明德有所厎止厎致也。祚才故反厎音旨。成王定鼎于郟鄏郟鄏今河南也武王遷之成王定之。郟
古洽反鄏音辱卜世三十卜年七百天所命也周德雖衰天命未改鼎之輕重未可問也疏卜世至七百。
正義曰律歷志云周三十六王八百六十七年過卜數也〇夏楚人侵鄭鄭卽晉故也〇宋文公卽位三年殺母弟須及昭公

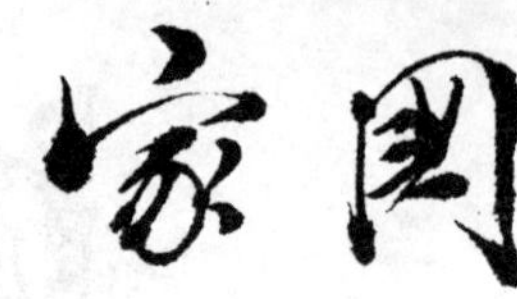

趙孟曰秦君何如對曰無

昭元

道趙孟曰亡乎對曰何爲一世無道國未艾也艾絕也○艾魚廢反注同國於天地有與立焉言欲輔助之者多不

數世淫弗能斃也趙孟曰天乎對曰有焉趙孟曰其幾何對曰鍼聞之國無道而年穀和熟

天贊之也贊佐助也○幾居豈反下同鮮不五稔鮮少也少尚當歷五年多則不啻○稔而甚反啻始豉反疏國無至五稔○正義曰國無道而歲又饑則君或早夭年穀和熟則天佐助之

故少猶五年多或不啻也期之五年者后子之意耳襄二十七年傳云所謂不及五稔蓋古有此言也趙孟視蔭曰朝夕不相及誰能待五蔭日景也趙孟意衰以日景自喻故

言朝夕不相及誰能待五○蔭於金反本亦作陰朝夕如字景如字又於領反疏趙孟至待五○正義曰趙孟自比於日景此景朝夕尚移不能相及人命流去與此相似既無常定誰能待五后子出而告人

曰趙孟將死矣主民翫歲而愒日翫愒皆貪也○翫五喚反說文云習厭也字又作玩愒苦蓋反其與幾何言不能久○與如字又音預

右首憲

凡將舉事令必先出曰事將為其賞罰之數必先明之立事者謹守令以行賞罰

計事致令復賞罰之所加有不合於令之所謂者雖有功利則謂之專制罪死不赦首事既布然後可以舉事

右首事

新民主義

江亢虎

政治

▲新民主主義　民主主義爲近世人權發達文明增進一大動機、各　改良或革命之運動、無不懸此爲鵠的、然精神雖是 而制度多乖、理論甚高、而實行或躓、頑舊保守者固始終反對之、即嶄新之共產黨人、亦主張勞動專政、 而以民主主義爲詬病焉、綜其大弊、不外兩途、一眞正多數、無論何時何地、無學識無經驗之人必佔多數、多數政治是爲愚民政治、一名多數而實少數、 強權者迫脅民意、巧黠者僞造民意、富豪者買收民意、是爲暴民政治、姦民政治、富民政治、新民主主義爲矯正以上各弊、揭櫫選民政治・選民者、人民之優秀者也、以普通教育爲本位、以參政考試爲出身、以職業選舉爲登進、蓋承認經濟組織爲政權分配之原則、一方謀政治智識之普及、一方期人民程度之提高、其與舊民主主義不同者、有如左三事(一)選民參政、中國取士用人向有學校制科選舉之異、宜兼取其長而并用之、凡具最低級學校畢業相當程度願爲議員及官吏者、須更通過參政考試、以普通法政智識爲標準、由立法機關執行、及格即爲選民、有選舉權及被選舉權、惟同時必別有所屬之職業、綜各職業而計其選民人數、爲各該職業投票權代議權之比例差、選民不第有代議權而已、又有直接投票權、採近世全民參政學說、劃出議會事權最要之十二、使選民全體參與之、其已考定者、曰創議權、議會不提出之案、選民可自提出也、曰複決權、議會已議決之案、選民可再議決也、曰免官權、議員及官吏不職者、選民可予罷免也、以上皆依法定手續、以總投票或局部投票行之、蓋代議制以一人代表多人、經過長期時間、處分若干法案、萬不能盡如所代表者之意、況當選以後、地位不同、態度或變、自由爲惡、監督無從、必如今議・然後可免議會專制之弊也、或疑選舉以前、加以學校與考試之限制、則勞動界選民必稀、似爲不平等、不知學校考試均屬公開、而機會平等之保證、且以促進教育普及、而選民必有所屬之職業、又以促進勞動普及、實減免階級衝突之要道也、(一)立法一權、三權鼎立之說・自來法政學家奉爲天經地義、其實司法乃行政之一種・立法與行政界限不清、衝突時見 名爲互相監督、實則互相牽制、一事不行、故凡大建設大成功、不在兩權之調和、而在一權之超越、然與其偏重行政權、而恢復君主制、毋寧偏重立法權、而實現民主制、且徵之憲法祖國英倫之慣例、下議院多數黨組織責任內閣・不信任即辭職、不啻立法一權矣、今議國會省會縣會等各互選行政委員、處理中央及地方政府之事、司法亦爲其一部、而皆由所屬之立法機關產出 且爲之代表 而對於人民全體負責任、議會及選民皆得依法定手續彈劾而罷免之、如是則權既不集於少數。而政亦不出於多門 理論實際兩無窒礙、遠勝舊制也、(一)職業代議・代議制者數百年來各國志士仁人無量數心血頸血之代價也、然自現行

國會組織法選舉法考之、則不過一二特殊階級最少數人之勝利而已、蓋人類之利害關係、恒視其所屬之經濟團體而異、自官吏律師地主資本家壟斷投票、大多數人無復建議決議之權、即使議員清白乃心、不甘為金錢勢力所吸收、然自身非出平民、則不能代表社會之大多數、自身果出平民、又不能戰勝議會之大多數、今議以職業為單位、以地方為區域、以選民人數為比例、平均分配投票權代議權、假定某省選民總數為一百萬人、又假定該省省議員名額為一百人、即每議員代表選民萬人、又假定按職業細分之結果、選民為小學教員者一萬人、養蠶者二萬人、業織造者三萬人、則此省會中當有小學教員互選之議員一人、養蠶者二人、織工三人、又如木匠選民僅有五千人、不足一代表權、則可與最近職業、若石匠泥水匠鉏瓦匠相合足數、互選一人、至於職業之定義、宜以有經常收入者為斷、服官從軍皆視同職業、社會主義未實行前、並地主資本家亦同享有此權、惟此類人數必甚尠、故不虞其操縱把持也　游手漢寄生蟲當然無參政資格矣、(未完)

「附則」社會主義未實行前、而組織職業代表團體、凡同業而不同職、且其利害相反者、必區別之、為左右兩級、略如各國之上下兩院然、政界之首長、學界之職員、軍界之將校、農界之地主、工商界之資本家當屬右級、其普通之官吏學生兵士農工商人皆屬左級、投票時各從其類、右級不得代表左級、以絕壟斷而從多數、否則雖名職業選舉、仍係軍閥政閥財閥之階級政治而已、至於今日之中國、處現在政府下而試辦國民自治式之職業代議制、則政界軍界當專取左級、其餘四民、兩級並立可也、

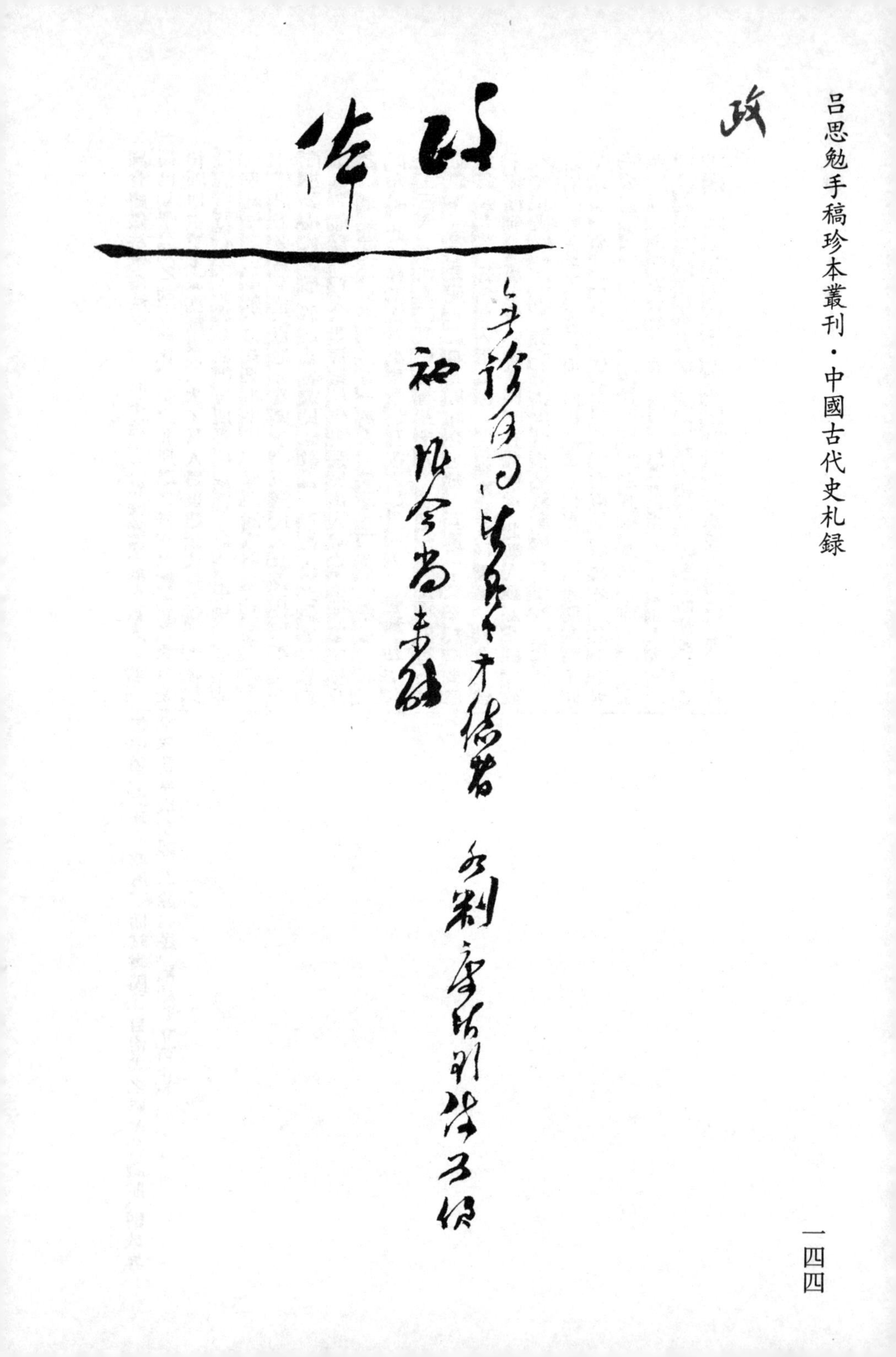

政

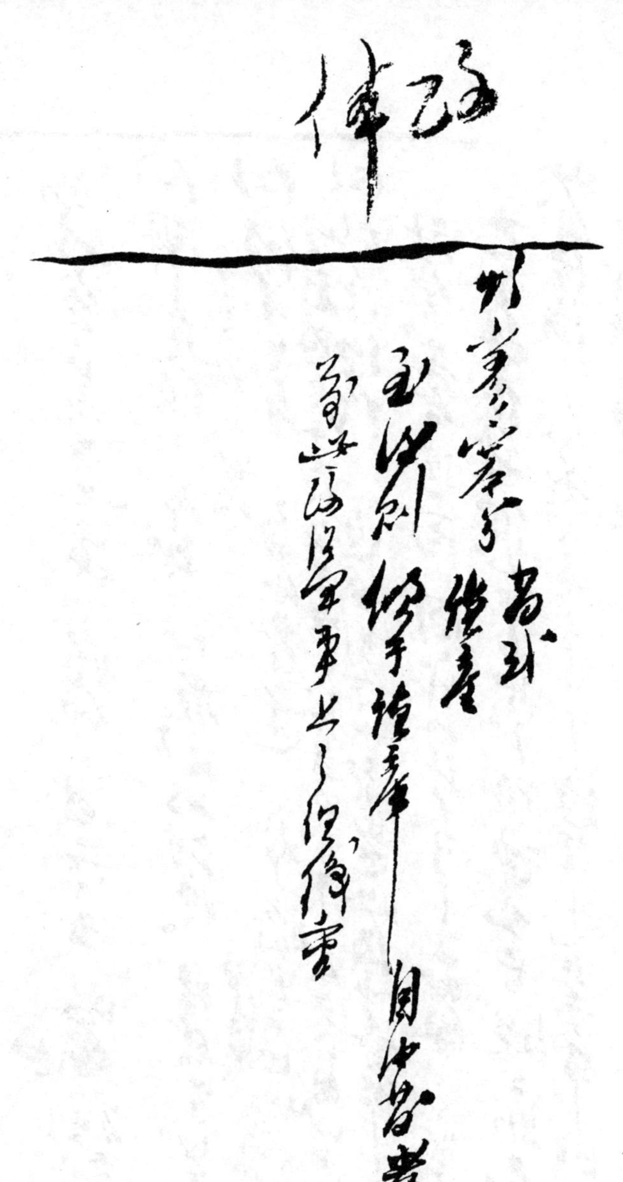

分化與發展之必要 將氏族之事實 將中國古代從氏族制入封建

（一）周之建設 [illegible] 農 專制 從氏族制入封建 [illegible] 以下 [illegible]

（二）修辛生產 自然發達 [illegible] 十四至十六世紀 [illegible] 十二世紀

宗教改革 十七世紀英國革命 十八世紀法國革命 及 [illegible] 自由主義

（三）政治作用 也是周代十分發達 [illegible]——王朝

社會生產 [illegible] 周代的封建——封建 [illegible]

而封建的統治 [illegible] 自由——精神 從二封建 [illegible]

[illegible] 儒——發展 [illegible]——修理——[illegible]

古代 [illegible]

先王之所以治天下者五貴有德貴貴貴老敬長慈幼此五者先王之所以定天下也貴有德何爲也爲其近於道也貴貴爲其近於君也貴老爲其近於親也敬長爲其近於兄也慈幼爲其近於子也言治國有家道。長丁丈反下及下注皆同爲其于僞反下爲其同近附近之近是故至孝近乎王至弟近乎霸至孝近乎王雖天子必有父至弟近乎霸雖諸侯必有兄先王之教因而弗改所以領天下國家也天子有所父事諸侯有所兄事謂若三老五更也天子襄諸侯與故曰霸。乎王于況反弟音悌下同更古衡反下及下更相同

疏先王至家也。正義曰此一節論貴德及孝弟之事皇氏云此於承上夫子答子贛之辭并廣明孝弟之義今以皇氏說未知然否或是記錄之辭。貴有德何爲也爲其近於道也者德是在身善行之

名道者於物開通之稱以巳有德能開通於物故云近於道也凡言近者非是實到附近而巳○是故至孝近乎王至弟近乎霸者孝能感物故近乎王弟能親愛故近乎霸雖天子必有父者以聖人之德無加於孝乎故雖天子之尊必有事之如父者謂養三老也○雖諸侯必有兄者以教民禮順莫善於弟故雖諸侯之貴必有事之如兄者謂養五更也○先王之教因而弗改者言先王設教之原因人之心孝弟即以孝弟教人是因而不改從人之所欲故可以領天下國家也○注天子至曰霸○正義曰云天子有所父事諸侯有所兄事者案天子諸侯俱有養老之禮皆事三老五更故文王世子注三老如賓五更如介但天子尊故以父事屬之諸侯卑故以兄事屬之云天子褒諸侯與故曰霸者案中候諸侯曰霸注云霸把也把天子之事也

子曰立愛自親始教民睦也立教自長始教民順也親長父兄也睦和厚也教以慈睦而民貴有親教以敬長而民貴用命尊長出教令者孝以事親順以聽命錯諸天下無所不行

疏子曰至不行○正義曰此一節明愛敬之道皇氏云因上荅子貢之問别愛敬語更端故别言子曰自此以下皆展轉相因廣明其事今謂記者雜録以事類相接爲次非本相因之辭也○立愛自親始者言人君欲立愛於天下從親爲始言先愛親也○教民睦也者巳先愛親人亦愛親是教民睦也○立敬自長始者言起敬於天下從長爲始言先自敬長○教民順也者巳能敬長民亦敬長是教民順也○教以慈睦而民貴有親者覆上教民睦也睦則恩慈故云慈睦也民既慈睦各貴所有之親○教以敬長而民貴用命者覆結上文教民順也既教以敬長民心和順不有悖逆故貴用在上之教命○孝以事親順以聽命者孝以事親覆說而民貴有親也順以聽命覆說而民貴用命也以此二者錯置於天下故無所不行言皆行也

封建

54

天子諸侯之卿大夫宗功大小

治政叢記

識近日之所制比前代制比古制以記

孟子曰人不足與適也政不足與間也惟大人爲能格君心之非適過也詩云室人交徧適我間非格正也時皆小人居位不足過責也政教不足復非論獨得大人爲輔臣乃能正君也非法度也君仁莫不仁君義莫不義君正莫不正一正君而國定矣正君之身一國定矣欲使大人正之

疏孟子曰至一正君而國定矣○正義曰此章言小人爲政不足間非賢臣正君使握道機君正國定下不邪侈將何間者也孟子曰人不足與適也至爲能格君心之非者孟子言小人在位不能事君不足適責之也所行政教亦不足間非也惟大人之爲臣而事其君故能格正君心之非也○注詩云室人交徧適

樊遲請學稼子曰吾不如老農請學爲圃曰吾不如老圃馬曰樹五穀曰稼樹菜蔬曰圃樊遲出子曰小人哉樊須也上好禮則民莫敢不敬上好義則民莫敢不服上好信則民莫敢不用情孔曰情情實也言民化於上各以實應夫如是則四方之民襁負其子而至矣焉用稼包曰禮義與信足以成德何用學稼以教民乎負者以器曰襁

疏樊遲至用稼○正義曰此章言禮義忠信爲治[illegible]要樊遲請學稼者樹五穀曰稼弟子樊須請於夫子學播種之法欲以教民也子曰吾不如老農者孔子怒其不學禮義而學稼種故拒之曰稼種之事吾不如久老之農夫也請學爲圃者樹菜蔬曰圃樊遲又請於夫子學樹蓺菜蔬之法曰吾不如老圃者亦拒其請也言樹蓺菜蔬之法吾不如久老爲圃者樊遲出子曰小人哉樊須也者樊遲既請而出夫子與諸弟子言曰小人哉此樊須也謂其不學禮義而學農圃故曰小人也上好禮則民莫敢不敬上好義則民莫敢不服上好信則民莫敢不用情者孔子遂言禮義與信可以教民也禮毋不敬故上好行禮則民化之莫敢不敬也人聞義則服故上好行義則民莫敢不服也以信待物物亦以實應之故上若好信則民莫不用其情情猶情實也言民於上各以實應也夫如是則四方之民襁負其子而至矣焉用稼者此又言夫禮義與信足以成德化民如是則四方之民感化自來皆以襁器背負其子而至矣何用學稼以教民乎○注樹五穀曰稼樹菜蔬曰圃○正義曰樹者種殖之名五穀者黍稷麻麥豆也周禮注云種穀曰稼如嫁女以有所生也周禮大宰職云園圃毓草木注云樹果蓏曰圃園其樊也然則圃者外畔藩籬之名其內之地種樹菜果則謂之圃蔬則菜也鄭云周禮注云百草根實可食者釋文云蔬不熟爲饉郭璞曰凡草菜可食者通名爲蔬注負者以器曰襁○正義曰博物志云襁縷之廣八尺長丈二以約小兒於背

政治

曰百工之事

固不可耕且爲也相曰百工之事固不可耕且爲故交易也然則治天下獨可耕且爲與孟子言百工各爲其事尚不可得耕且兼之人君自天子以下當治天下政事此反可耕且爲邪欲以窮許行之非滕君不親耕也孟子謂五帝以來有禮義上下之事不得復若三皇之道也言許子不知禮者也有大人之事有小人之事且一人之身而百工之所爲備如必自爲而後用之是率天下而路也孟子言人道自有大人之事謂人君行教化也小人之事謂農工商也一人而備百工之所作作之乃得用之者是率導天下人以羸困之路也故曰是率天下而路也故曰或勞心或勞力勞心者治人勞力者治於人治於人者食人治人者食於人天下之通義也勞心君也勞力民也君施教以治理之民竭力治公田以奉養其上天下通義所常行者也

政治

有關此應另調查之事項

管子問篇

歲受治中——治職簿書之要

凡官府鄉州及都鄙之治中受而藏之以詔王察羣吏之治察察其當黜陟者鄭司農云治中謂其治職簿書之要○治直吏反下及注同中丁仲反下注同

疏凡官至之治○釋曰此自王國以至四彊皆有職司治事文書不言六遂及四等公邑之官者於文略其實皆有也都鄙則三等采地云詔王察羣吏之治者告王據此治中文書而行黜陟也○注察察至之要○釋曰云治職簿書之要者謂各有職掌皆司有文書案簿書功狀之要故據而告王也經雖言治中兼有不中在其間中者陟之不中黜之經直言中偏舉一邊而言也

也

齊景公問政於孔子孔子對曰君君臣臣父父子子孔曰當此之時陳桓制齊君不君臣不臣父不父子不子故以對**公曰善哉信如君不君臣不臣父不父子不子雖有粟吾得而食諸**孔曰言將危也陳氏果滅齊

疏 齊景至食諸○正義曰此章明治國之政也齊景公問政於孔子者齊君景公問爲國之政於夫子也孔子對曰君君臣臣父父子子者言政者正也若君不失君道乃至子不失子道尊卑有序上下不失而後國家正也當此之時陳桓爲齊大夫以制齊國君不君臣不臣父不父子不子故孔子以此對之公曰善哉信如君不君臣不臣父不父子不子雖有粟吾得而食諸者諸之也景公聞孔子之言而信服之故歎曰善哉信如夫子之言而今齊國君不君以至子不子雖有其粟吾得而食之乎言將見危亡必不得食之也○注陳氏果滅齊○正義曰史記田完世家完卒謚爲敬仲仲生穉孟夷夷生湣孟莊莊生文子須無文子生桓子無宇桓子生武子啟及僖子乞乞卒子常代之是爲田成子成子弒簡公專齊政成子生襄子盤盤生莊子白白生大公和和遷齊康公於海上和立爲齊侯和孫威王稱王四世而秦滅之是陳氏滅齊也世家云敬仲之知齊以陳子爲田氏左傳終始稱陳則田必非敬仲所改未知何時改耳

天下之禮致反始也致鬼神也致和用也致義也致讓也因祭之義汎說禮也致之言至也使人勤行至於此也至於反始謂報天之屬也至於鬼神謂祭宗廟之屬也至於和用謂佋民之事以足用也○汎芳劍反致反始以厚其本也致鬼神以尊上也致物用以立民紀也致義則上下不悖逆矣致讓以去爭也合此五者以治天下之禮也雖有奇邪而不治者則微矣物猶事也變和言物互之也微猶少也○悖布內反去起呂反爭爭鬭之爭奇紀宜反邪似嗟反治直吏反

疏天下至微矣○正義曰此一節明禮之大用凡有五事若能行之得理則天下治矣○天下之禮者言天下所用之禮所致凡有五事也○致反始也者致之言至也言禮之至極於天反報初始言人如於天反而報之○致鬼神也者言禮之至極至於鬼神謂祭宗廟之等○致和用也者和謂百姓和諧用謂財用豐足言禮之至極治理於民使百姓和諧財用富足也○致義也者義謂斷割得宜治惡討暴言禮之至極於義也○致讓也者讓謂遞相推讓言禮之至極於讓也○致反始以厚其本也者天爲人本今能反始以報於天是厚重其本也上能厚本教下下亦能厚本也○致鬼神以尊上也者謂至於祭祀鬼神是尊嚴其上也以此教民民亦尊上也○致物用以立民紀也者民豐物用則知榮辱禮節故至於物用可以立人紀也○致義則上下不悖逆矣者義能除內去暴故上下不有悖逆也○致讓以去爭也者以讓故無爭○合此五者以治天下之禮也者言能和合此五者以治理天下之禮○雖有奇邪而不治者則微矣者奇謂奇異邪謂邪惡皆據異行之人言用此五事爲治假令有異行不從治者亦當少也故云則微矣○注物猶至少也○正義曰上文云致和用明和能立事是和用互言之有事用也下文云致物用物謂事也謂事須和也是致事用互致和用也是事必須和和能立事故云互也

政治

大學之道在明明德在親民在止於至善知止而后有定定而后能靜靜而后能安安而后能慮慮而后能得物有本末事有終始知所先後則近道矣明明德謂顯明其至德也止猶自處也得謂得事之宜也○大舊音泰劉直帶反近附近之近古之欲明明德於天下者先治其國欲治其國者先齊其家欲齊其家者先脩其身欲脩其身者先正其心欲正其心者先誠其意欲誠其意者先致其知知謂知善惡吉凶之所終始也○其知如字徐音智下致知同致知在格物格來也物猶事也其知於善深則來善物其知於惡深則來惡物言事緣人所好來也此致或爲至○格古百反好呼報反○物格而后知至知至而后意誠意誠而后心正心正而后身脩身脩而后家齊家齊而后國治國治而后天下平自天子以至於庶人壹是皆以脩身爲本其本亂而末治者否矣其所厚者薄而其所薄者厚未之有也此謂知本此謂知之至也壹是專行是也○治國治並直吏反下同所謂誠其意者毋自欺

天下之達道五所以行之者三曰君臣也父子也夫婦也

昆弟也朋友之交也五者天下之達道也知仁勇三者天下

之達德也、、、好學近乎、、、力行近乎、、、勇知斯三者則知所以修

身知所以修身則知所以治人、、、、則知所以治

天下國家矣

敬題齋二字并仿其于林、、

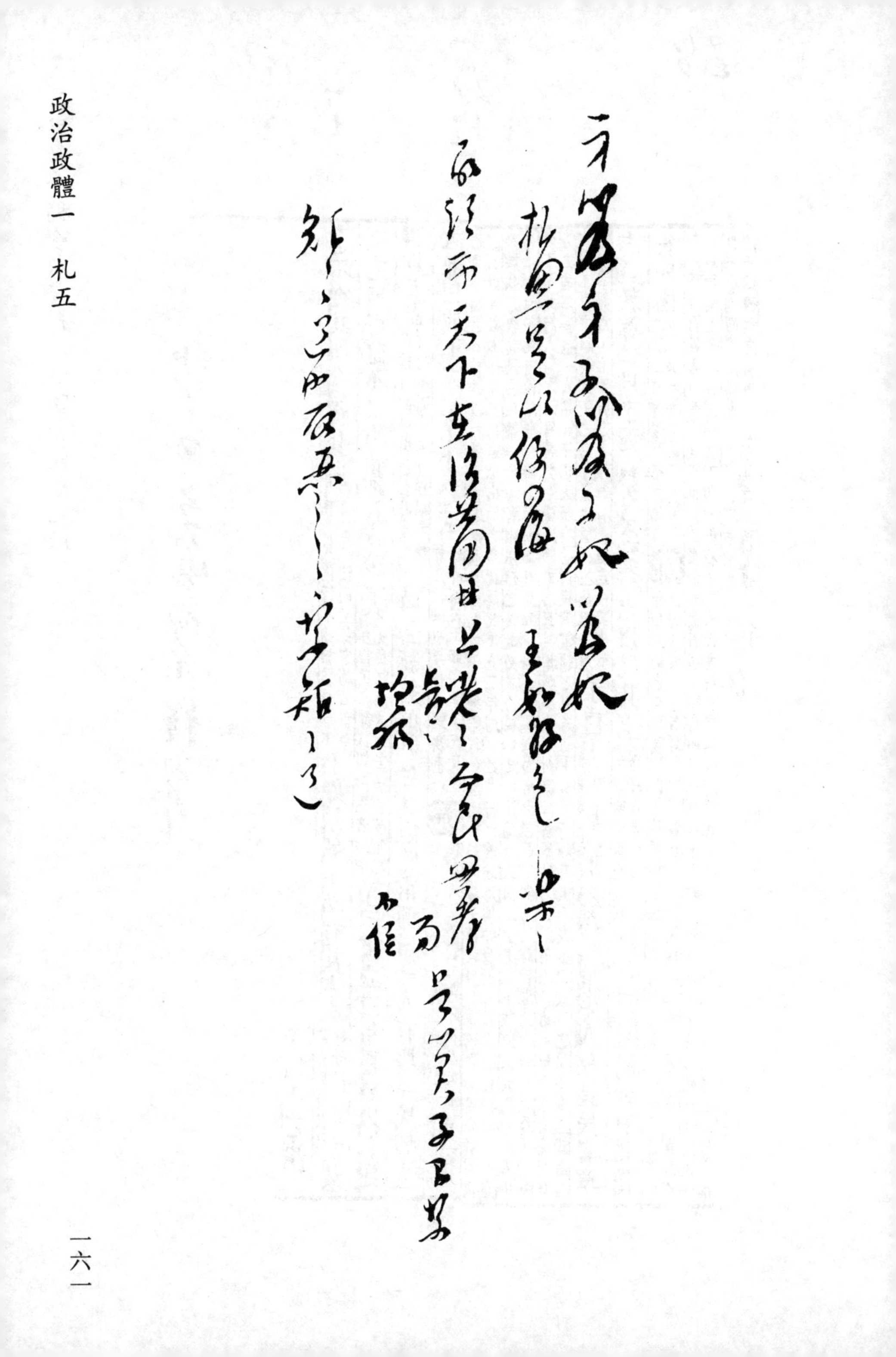

子曰下之事上也不從其所令從其所行言民化行不拘於言○行下孟反注同又如字拘音俱○上好是物下必有甚者矣甚者甚於君也○好呼報反下皆同故上之所好惡不可不慎也是民之表也言民之從君如影逐表○惡烏路反表如字一音俱領反子曰禹立三年百姓以仁遂焉豈必盡仁言百姓勸禹爲仁非本性能仁也遂猶達也○饒胡孝反詩云赫赫師尹民具爾瞻甫刑曰一人有慶兆民賴之大雅曰成王之孚下土之式皆言化君也孚信也式法也○赫許百反王如字徐于况反○

疏子曰至之式○正義曰此一節申明上文以君者民之儀表不可不慎故此兼言上有其善則下賴之○百姓以仁遂焉者遂達也言禹立三年百姓悉行仁道達於外内故云百姓以仁遂焉豈必盡仁者言禹之百姓豈必本性盡行仁道秪由禹之所化故此禹立三年則百姓盡行仁道論語稱如有王者必世而後仁者禹承堯舜禪代之後其民易化論語所稱者謂承離之後故必世乃後仁是以注論語云周道至美武王伐紂至成王乃致太平由承殷紂敝化之後故也○詩云赫赫師尹民具爾瞻者此小雅節南山之篇刺幽王之詩言幽王之時尹氏爲大師爲政不平故詩人刺之云赫赫然顯盛之師尹者民具爾瞻視上之所爲引者證民之法則於上○甫刑曰一人有慶兆民賴之者慶善也一人謂天子也天子有善行民皆蒙賴之引者證上有善行賴及于下大雅曰成王之孚下土之式者是大雅下武之篇美武王之詩孚信也言武王成就王道之信者故爲下土法引之者證君有善與爲法式也○

子曰上好仁則下之爲仁爭先人故長民者章志貞教尊仁以子愛百姓民致行己以說其上矣章明也貞正也民致行己者民之行皆盡己心○長丁丈反說音悅詩云有梏德行四國順之梏大也直也○梏音角詩作覺行下孟反

疏子曰至順之○正義曰此一節贊結上經在上行仁之事○則天下之爲仁爭先人者言上若好仁則下皆爲仁爭欲先他人○故長民者章志貞教尊仁以子愛百姓者章明也貞正也言尊長於人爲君者當須章明己志爲貞正之教尊敬仁道以子愛百姓也○民致行己以說其上矣者言上能化下如此則在下之人致盡行己之意以說樂其上矣○詩云有梏德行四國順之此詩大雅抑之篇刺厲王之詩也梏大也言賢者有大德行四國從之引者証上有其德下所從也

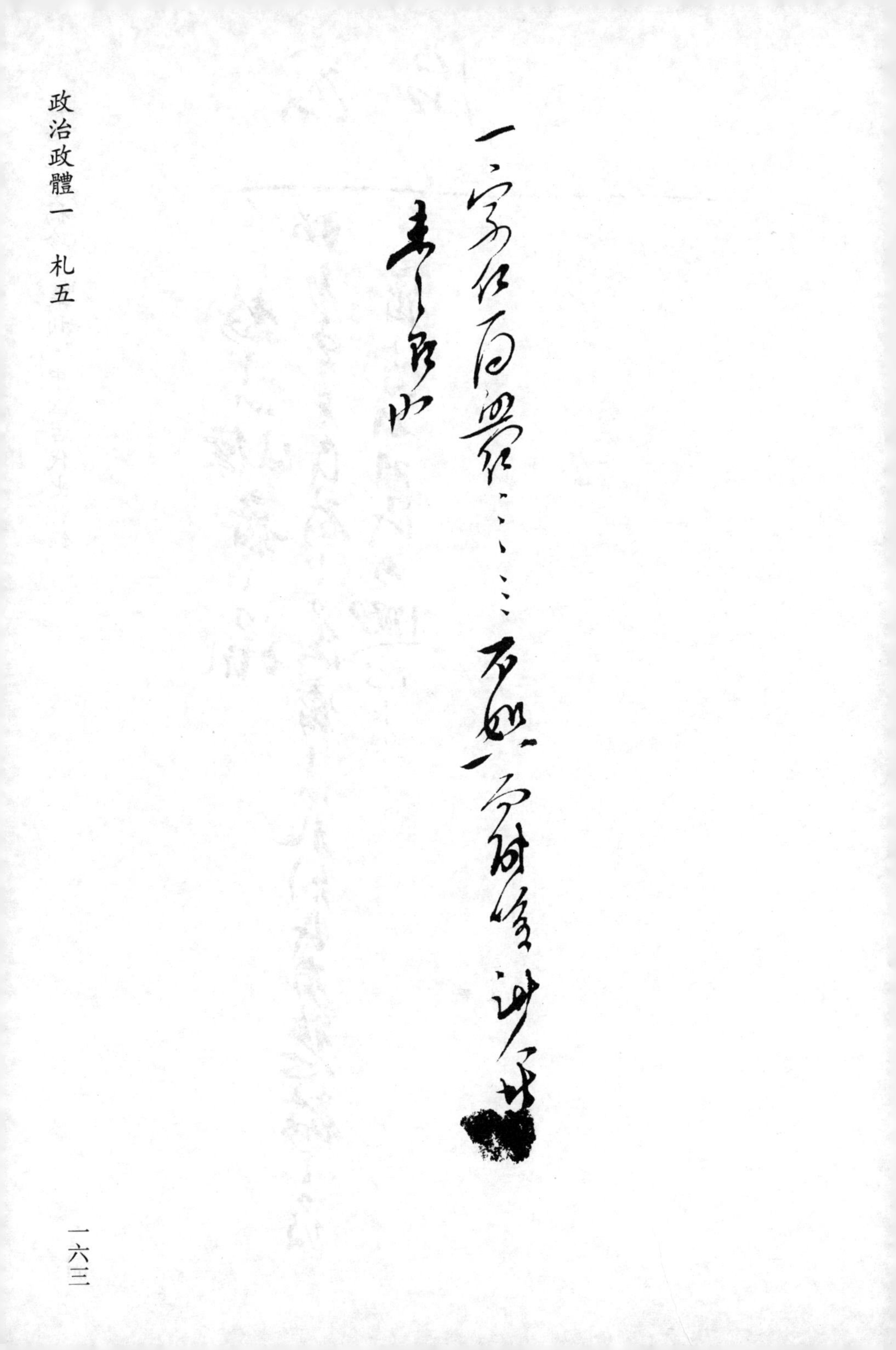

政治

教之以德，齊之以禮

緇衣夫民教之以德，齊之以禮，則民有格心；教之以政，

齊之以刑，則民有遯心……

政治

則不能守……

侯守社稷卿大夫守宗廟士庶人守其身故各因其所守而言也今天下之人皆知疾惡其死亡而以樂為不仁是若惡其醉酒而以強飲其酒耳亦論語孔子謂惡濕而居下之意也孟子曰愛人不親反其仁治人不治反其智禮人不荅反其敬行有不得者皆反求諸己其身正而天下歸之反其仁已仁獨未至邪反其智已智猶未足邪反其敬已敬獨未恭邪反求諸身身已正則天下歸就之服其德也詩云永言配命自求多福此詩已見上篇其義同

疏孟子曰至自求多福○正義曰此章言行有不得於人反求於身是為責己之道也孟子曰愛人不親反其仁治人不治反其智至而天下歸之者孟子言愛人而人不親之必吾仁有所未至也故當反己責之治其人而人不治者必吾之智有所未盡也故當反己而責之也禮接於人而人不以禮報荅之必吾之敬有所未至也故當反己而責之也凡所行有不得於人者皆當反求諸己而已以其身之所有未至也故當自反而責之蓋以身未自治而正之則天下之人皆歸之而服其德也如顏淵克己

政治

十三經注疏 論語十三 子路十三 六

子適衛冉有僕孔曰孔子之衛冉有御子曰庶矣哉孔曰庶衆也言衛人衆多冉有曰既庶矣又何加焉曰富之曰既富矣又何加焉曰教之疏子適至教之。正義曰此章言治民之法也子適衛冉有僕者適之也孔子之衛冉有爲僕以御車也子曰庶矣哉者庶衆也至衛境見衛人衆多故孔子歎美之冉有曰既庶矣又何加焉者言民既衆多復何加益也曰富之者孔子言當施舍薄斂使之衣食足也曰既富矣又何加焉者冉有言民既饒足復何加益之曰教之者孔子言富教以義方使知禮節也子曰苟有用我者期月而已可也三年有成孔曰言誠有用我於政事者期月而可以行其政教必三年乃有成功疏子曰苟有用我者期月而已可也三年有成。正義曰此章孔子自言爲政之道也苟誠也期月周月也謂周一年之十二月也孔子言誠有用我於政事者期月而可以行其政教必滿三年乃有成功也子曰善人爲邦百年亦可以勝殘去殺矣王曰勝殘殘暴之人使不爲惡也去殺不用刑殺也誠哉是言也孔曰古有此言孔子信之疏子曰善人爲邦百年亦可以勝殘去殺矣誠哉是言也。正義曰此章言善人君子治國至於百年以來亦可以勝殘暴之人使不爲惡去刑殺而不用矣誠哉是言者古有此言孔子信之故曰誠哉是言也子曰如有王者必世而後仁孔曰三十年曰世如有受命王者必三十年仁政乃成疏子曰如有王者必世而後仁。正義曰三十年曰世此章言如有受天命而王天下者必三十年仁政乃成也子曰苟正其身矣於從政乎何有不能正其身如正人何疏子曰苟正其身矣於從政乎何有不能正其身如正人何。正義曰此章言政者正也欲正他人在先正其身也苟誠也誠能自正其身則於從政乎何有言不難也若自不能正其身則雖令不從如正人何言必不能正人也

子游

政治

六府 三事 九功

晉郤缺言於趙宣子曰日衛不睦故取其地日往日取衛地在元年今已睦矣可以歸之叛而不討何以示威服而不柔何以示懷柔安也非威非懷何以示德無德何以主盟子爲正卿以主諸侯而不務德將若之何夏書曰逸書戒之用休有休則戒之以勿休○休許虯反注同董之用威董督也有罪則督之以威刑勸之以九歌勿使壞九功之德皆可歌也謂之九歌六府三事疏夏書至三事○正義曰此虞書大禹謨之文也以其夏禹之言故傳謂之夏書勿使壞以上皆彼正文唯彼言俾勿壞俾亦使也一字別耳彼上文云水火金木土穀惟修正德利用厚生惟和九功惟敘九敘惟歌乃次此辭下云帝曰六府三事允治郤缺令宣子脩德行禮使人歌樂故先引勸之以九歌然後卻言六府三事謂之九功水火金木土穀謂之六府正德利用厚生謂之三事義而行之謂之德禮德正德也禮以制財用之節又以厚生民之命無禮不樂所由叛也疏無禮至叛也○正義曰在上爲政無禮則民不樂是叛之所由若吾子之德莫可歌也其誰來之來猶歸也○樂音洛盍使睦者歌吾子乎宣子說之爲明年晉歸鄭衛田張本○盍戶臘反疏注爲明至張本○正義曰鄭往前侵衛田今晉令鄭歸還衛田

文七

凡為天下國家有九經[illegible]

[illegible]

[illegible]

子洩怒謂陽虎子行之乎九月乙亥陽虎囚季桓子是其事也至八年又與陽虎謀殺桓子陽虎敗而出至十二年季氏將墮費公山不狃叔孫輒率費人以襲魯國人敗諸姑蔑二子奔齊

子張問仁於孔子孔子曰能行五者於天下爲仁矣請問之曰恭寬信敏惠恭則不侮孔曰不見侮慢寬則得衆信則人任焉敏則有功孔曰應事疾則多成功惠則足以使人

疏子張至使人○正義曰此章明仁也子張問仁於孔子者問何如斯可謂之仁也孔子曰能行五者於天下爲仁矣者言爲仁之道有五也請問之者子張復請問五者之目也曰恭寬信敏惠者此孔子略言爲仁五者之名也恭則不侮者此下孔子又歷說五者之事也言已若恭以接人人亦恭以待己故不見侮慢寬則得衆者言行能寬簡則爲衆所歸也信則人任焉者言而有信則人所委任也敏則有功者敏疾也應事敏疾則多成功也惠則足以使人者有恩惠則人忘其勞也

佛肸召子欲往孔曰晉大夫趙簡子之邑宰子路曰昔者由也聞

而天下歸仁焉是也詩云永言配命自求多福已說於上篇此固不說孟子曰人有恒言皆曰天下國家恒常也人之常語也天下謂天子之天所主國謂諸侯之國家謂卿大夫家天下之本在國國之本在家家之本在身治天下者不得良諸侯無以爲本治其國者不得良卿大夫無以爲本治其家者不得良身無以爲本也是則本正則立本傾則踣固在所敬慎而已疏孟子曰至本在身○正義曰此章言天下國家各依其本本正則立本傾則踣也孟子曰人有恒言皆曰天下國家者孟子言人之所常言皆曰天下國家也天子有天下公侯有國大夫有家天下之本在國國之本在家家之本在身者言天下之根本獨在於公侯爲之根本也公侯之根本又在卿大夫爲之根本也卿大夫之根本抑又在於私身爲之根本也如太學有云欲明明德於天下必先治其國欲治其國必先齊其家欲齊其家必先修其身此其意也云天下國家者天子有天下謂之天下諸侯有國謂之國然有國者不可以稱天下有天下者或可以稱國故諸侯謂之邦國天子謂之王國國家文從或又從國爲其或之也故國之也至於家則自天子達於庶人未嘗不通稱之矣

政治

主以及主子以及子奴以及奴

經濟文49

勉强某等　根據只有經過的海不根據全部經驗才有

治政

46

明乎郊社之禮禘嘗之義治國其如示諸掌乎

勉案此及祭統十倫則可知郊社之禮禘嘗之義

蓋古治國之範圍一切治國之事皆納於祭中也

政治

反道紊紀干民

大敗亡假治及政府之

備注

備如特尊王衡書請安

野加[illegible]

通王[illegible]

周先生[illegible]

○孟子曰。民爲貴。社稷次之。君爲輕。是故得乎丘民而爲天子。得乎天子爲諸侯。得乎諸侯爲大夫。諸侯危社稷。則變置。犧牲既成。粢盛既潔。祭祀以時。然而旱乾水溢。則變置社稷。盛音成

○孟子曰。聖人。百世之師也。伯夷柳下惠是也。故聞伯夷之風者。頑夫廉。懦夫有立志。聞柳下惠之風者。薄夫敦。鄙夫寬。奮乎百世之上。句百世之下。聞者莫不興起也。非聖人而能若是乎。而況於親炙之者乎。

○桃應問曰。舜爲天子。皋陶爲士。瞽瞍殺人。則如之何。

孟子曰。執之而已矣。

然則舜不禁與。與平聲

曰。夫舜惡得而禁之。夫有所受之也。夫音扶 惡平聲

然則舜如之何。

曰。舜視棄天下。猶棄敝蹝也。竊負而逃。遵海濱而處。終身訢然。樂而忘天下。蹝音徙 訢與欣同 樂音洛

○咸丘蒙問曰。語云。盛德之士。君不得而臣父不得而子。舜南面而立。堯帥諸侯北面而朝之。瞽瞍亦北面而朝之舜見瞽瞍其容有蹙孔子曰於斯時也天下殆哉岌岌乎不識此語誠然乎哉孟子曰否此非君子之言齊東野人之語也堯老而舜攝也堯典曰二十有八載放勳乃徂落百姓如喪考妣三年四海遏密八音孔子曰天無二日民無二王舜既爲天子矣又帥天下諸侯以爲堯三年喪是二天子矣朝音潮岌魚及反咸丘蒙曰舜之不臣堯則吾既得聞命矣詩云普天之下莫非王土率土之濱莫非王臣而舜既爲天子矣敢問瞽瞍之非臣如何曰是詩也非是之謂也勞於王事

而不得養父母也曰此莫非王事我獨賢勞也故說詩者不以文害辭不以辭害志以意逆志是爲得之如以辭而已矣雲漢之詩曰周餘黎民靡有孑遺信斯言也是周無遺民也

孝子之至莫大乎尊親尊親之至莫大乎以天下養爲天子父尊之至也以天下養養之至也詩曰永言孝思孝思維則此之謂也養去聲

書曰祗載見瞽瞍夔夔齊栗瞽瞍亦允若是爲父不得而子也見音現齊側皆反

○萬章曰堯以天下與舜有諸孟子曰否天子不能以天下與人

然則舜有天下也孰與之曰天與之

天與之者諄諄然命之乎諄之淳反

曰否天不言以行與事示之而已矣行去聲下同

曰以行與事示之者如之何曰天子能薦人於天不能使天與之天下諸侯能薦人於天子不能使天子與之諸侯大夫能薦人於諸侯不能使諸侯與之大夫昔者堯薦舜於天而天受之暴之於民而民受之故曰天不

言以行與事示之而已矣（暴步卜反下同）

曰敢問薦之於天而天受之暴之於民而民受之如何

曰使之主祭而百神享之是天受之使之主事而事治百姓安之是民受之也天與之人與之故曰天子不能以天下與人（治去聲）

舜相堯二十有八載非人之所能爲也天也堯崩三年之喪畢舜避堯之子於南河之南天下諸侯朝覲者不之堯之子而之舜訟獄者不之堯之子而之舜謳歌者不謳歌堯之子而謳歌舜故曰天也夫然後之中國踐

天子位焉而居堯之宮逼堯之子是簒也非天與也相去聲朝音潮夫音扶

泰誓曰天視自我民視天聽自我民聽此之謂也

○萬章問曰人有言至於禹而德衰不傳於賢而傳於子有諸孟子曰否不然也天與賢則與賢天與子則與子昔者舜薦禹於天十有七年舜崩三年之喪畢禹避舜之子於陽城天下之民從之若堯崩之後不從堯之子而從舜也禹薦益於天七年禹崩三年之喪畢益避禹之子於箕山之陰朝覲訟獄者不之益而之啓曰吾

君之子也。謳歌者。不謳歌益而謳歌啟。曰。吾君之子也。朝音潮

丹朱之不肖。舜之子亦不肖。舜之相堯。禹之相舜也。歷年多。施澤於民久。啟賢。能敬承繼禹之道。益之相禹也。歷年少。施澤於民未久。舜禹益相去久遠。其子之賢不肖。皆天也。非人之所能為也。莫之為而為者天也。莫之致而至者命也。之相之相並去聲

匹夫而有天下者。德必若舜禹。而又有天子薦之者。故仲尼不有天下。

繼世以有天下天之所廢必若桀紂者也故益伊尹周

公不有天下

伊尹相湯以王於天下湯崩太丁未立外丙二年仲壬

四年太甲顛覆湯之典刑伊尹放之於桐三年太甲悔

過自怨自艾於桐處仁遷義三年以聽伊尹之訓已也

復歸于亳相王皆去聲艾音乂

周公之不有天下猶益之於夏伊尹之於殷也

孔子曰唐虞禪夏后殷周繼其義一也禪擅音

○滕文公問曰滕小國也閒於齊楚事齊乎事楚乎閒去聲

孟子對曰是謀非吾所能及也無已則有一焉鑿斯池也築斯城也與民守之效死而民弗去則是可爲也

○滕文公問曰。齊人將築薛。吾甚恐。如之何則可。孟子對曰。昔者大王居邠。狄人侵之。去之岐山之下居焉。非擇而取之。不得已也。邠與豳苟爲善。後世子孫必有王者矣。君子創業垂統。爲可繼也。若夫成功則天也。君如彼何哉。彊爲善而已矣。夫音扶彊上聲

○滕文公問曰。滕小國也。竭力以事大國。則不得免焉。如之何則可。孟子對曰。昔者大王居邠。狄人侵之。事之以皮幣。不得免焉。事之以犬馬。不得免焉。事之以珠玉。

不得免焉。乃屬其耆老而告之曰。狄人之所欲者吾土地也。吾聞之也。君子不以其所以養人者害人。二三子何患乎無君。我將去之。去邠。踰梁山。邑于岐山之下居焉。邠人曰。仁人也。不可失也。從之者如歸市。屬音燭

或曰。世守也。非身之所能爲也。效死勿去。

君請擇於斯二者。

○鄒與魯閧穆公問曰吾有司死者三十三人而民莫之死也誅之則不可勝誅不誅則疾視其長上之死而不救如之何則可也閧胡弄反勝平聲長上聲下同

孟子　卷一　十七

孟子對曰凶年饑歲君之民老弱轉乎溝壑壯者散而之四方者幾千人矣而君之倉廩實府庫充有司莫以告是上慢而殘下也曾子曰戒之戒之出乎爾者反乎爾者也夫民今而後得反之也君無尤焉幾上聲夫音扶

君行仁政斯民親其上死其長矣

○齊宣王問曰湯放桀武王伐紂有諸孟子對曰於傳

有之。傳直戀反

曰。臣弑其君可乎。

曰。賊仁者謂之賊。賊義者謂之殘。殘賊之人。謂之一夫。

聞誅一夫紂矣。未聞弑君也。

○孟子見齊宣王曰所謂故國者非謂有喬木之謂也有世臣之謂也王無親臣矣昔者所進今日不知其亡也

王曰吾何以識其不才而舍之舍上聲

曰國君進賢如不得已將使卑踰尊疏踰戚可不慎與

與平聲

左右皆曰賢未可也諸大夫皆曰賢未可也國人皆曰賢然後察之見賢焉然後用之左右皆曰不可勿聽諸大夫皆曰不可勿聽國人皆曰不可然後察之見不可焉然後去之去上聲

左右皆曰可殺勿聽諸大夫皆曰可殺勿聽國人皆曰可殺然後察之見可殺焉然後殺之故曰國人殺之也如此然後可以爲民父母

民養

（周書殷祝）湯放桀而復薄三千諸侯大会湯取天子之璽置天子之坐左復而再拜從諸侯之位湯曰此天子位有道者可以處之天下非一家之有也有道者之有也故天下者唯有道者理之唯有道者紀之唯有道者宜久處之湯以此讓三千諸侯莫敢即位然後湯即天子之位

民權一

（同於荀良天）君除民害而後民害之民乃非君權夫

雖君作斂君為斂民不知君根然民無億兆

君一爲之亡家破來君其是乳

羲民

（周書太子晉）其羲民之世羲稱天子以有天下矣

姓同姓然後共君是之謂難

○孟子之平陸謂其大夫曰子之持戟之士一日而三失伍則去之否乎曰不待三去上聲然則子之失伍也亦多矣凶年饑歲子之民老羸轉於溝壑壯者散而之四方者幾千人矣曰此非距心之所得爲也幾上聲曰今有受人之牛羊而爲之牧之者則必爲之求牧與芻矣求牧與芻而不得則反諸其人乎抑亦立而視其死與曰此則距心之罪也爲去聲死與之與平聲他日見於王曰王之爲都者臣知五人焉知其罪者惟

孔距心。為王誦之。王曰。此則寡人之罪也。見音現為王之為去聲

○公孫丑曰。伊尹曰。予不狎于不順。放太甲于桐。民大悅。太甲賢。又反之。民大悅。賢者之為人臣也。其君不賢。則固可放與。與平聲

孟子曰。有伊尹之志則可。無伊尹之志則篡也。

○季氏富於周公。而求也爲之聚斂而附益之。爲去聲

子曰。非吾徒也。小子鳴鼓而攻之。可也。

民義

○孟子謂齊宣王曰王之臣有託其妻子於其友而之

孟子　卷一　十四

楚遊者比其反也則凍餒其妻子則如之何王曰棄之

比必二反

曰士師不能治士則如之何王曰已之

曰四境之內不治則如之何王顧左右而言他治去聲

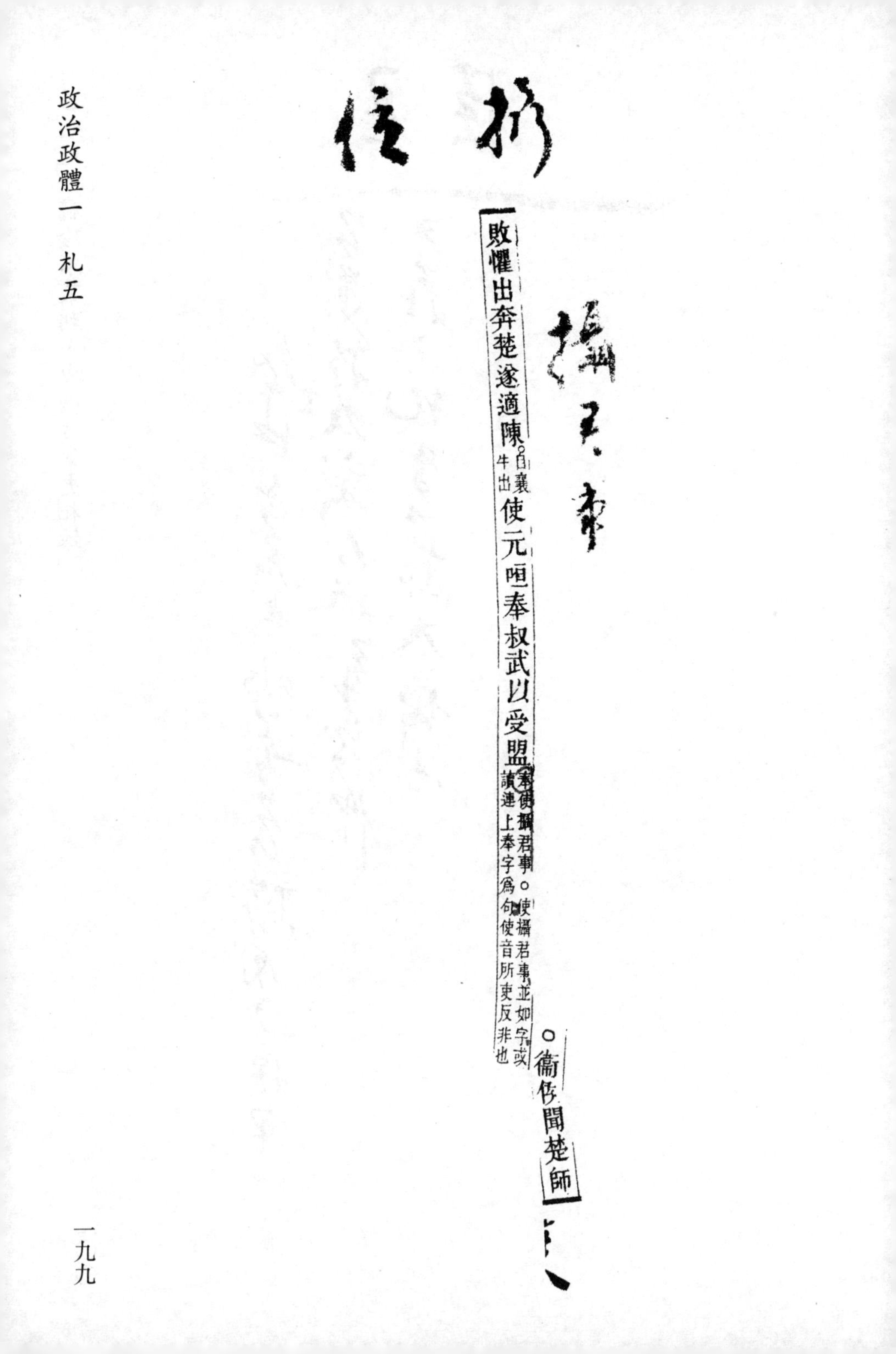

敗懼出奔楚遂適陳。自襄牛出使元咺奉叔武以受盟。奉使攝君事○使攝君事並如字或讀連上奉字爲句使音所吏反非也

○衞侯聞楚師

五臣

[illegible]出[illegible]以[illegible]

[illegible]十二 宋人執鄭祭仲

[illegible]紀季以酅入齊[illegible]

說文小雅大東云契契寤歎毛傳云契憂苦也。注包曰至不爲。正義曰云以衣涉水爲厲揭揭衣也者爾雅釋水文也孫炎曰揭衣褰裳也衣涉濡褌也**子張曰書云高宗諒陰三年不言何謂也**孔曰高宗殷之中興王武丁也諒信也陰猶默也**子曰何必高宗古之人皆然君薨百官總已**馬曰已百官**以聽於冢宰三年**孔曰冢宰天官卿佐王治者三年喪畢然後王自聽政

疏子張至三年。正義曰此章論天子諸侯居喪之禮也子張曰書云高宗諒陰三年不言何謂也者高宗諒陰三年不言周書無逸篇文也高宗殷王武丁也諒信也陰默也言武丁居父憂信任冢宰默而不言三年矣子張未達其理而問於夫子也子曰何必高宗古之人皆然君薨百官總已以聽於冢宰三年者孔子荅言何必獨高宗古之人皆如是諸侯死曰薨言君既薨新君即位使百官各總已職以聽使於冢宰三年喪畢然後王自聽政。注孔曰至默也。正義曰云高宗殷之中興王武丁也者孔安國云盤庚弟小乙子名武丁德高可尊故號高宗喪服四制引書云高宗諒陰三年不言善之也王者莫不行此禮何以獨善之也曰高宗者武丁武丁者殷之賢王也繼世即位而慈良於喪當此之時殷衰而復興禮廢而復起故載之於書中而高之故謂之高宗三年之喪君不言也是說不言之意也云諒信也陰默也者謂信任冢宰默而不言也禮記作諒闇鄭玄以爲凶廬非孔義也今所不取。注孔曰至聽政。正義曰云冢宰天官卿佐王治者者案周禮天官大宰之職掌建邦之六典以佐王治邦國敘官云乃立天官冢宰使帥其屬而掌邦治以佐王均邦國治官之屬大宰卿一人鄭注引此文云君薨百官總已以聽於冢宰言冢宰於百官無所不主爾雅曰冢大也冢宰大宰也變冢言大進退異名也百官總焉則謂之冢列職於王則稱大冢大之上也山頂曰冢故云冢宰天官卿佐王治者也云三年喪畢然後王自聽政者謂卒哭除服之後三年心喪已畢然後王自聽政也知非衰麻三年者晉書杜預傳云大始十年元皇后崩依漢魏舊制既葬帝及羣臣皆除服疑皇太子亦應除否詔諸尚書會僕射盧欽論之唯預以爲古者天子諸侯三年之喪始服齊斬既葬除喪服諒闇以居心喪終制不與士庶同禮於是盧欽魏舒問預證據預曰春秋晉侯享諸侯子產相鄭伯時簡公未葬請免喪以聽命君子謂之得禮宰咺歸惠公仲子之賵傳曰弔生不及哀此皆既葬除服諒陰之證也書傳之說既多學者未之思耳喪服諸侯爲天子亦斬衰豈可謂終服三年也預又作議曰周景王有后世子之喪既葬除喪而宴樂晉叔向譏之曰三年之喪雖貴遂服禮也王雖不遂宴樂以早此亦天子喪事見於古也稱高宗不言喪服三年而云諒陰三年此釋服心喪之文也譏景王不譏其除喪而譏其宴樂早則既葬應除而違諒闇之節也堯喪舜諒闇三年故稱遏密八音由此言之天子居喪齊斬之制非杖絰帶當遂其服既葬而除諒闇以終之三年無改於父之道故曰百官總已以聽冢宰喪服既除故更稱不言之美明不復寢苫枕凷以荒大政也禮記云三年之喪自天子達又云父母之喪無貴賤一也又云端衰喪車皆無等此通謂天子居喪衣服之制同於凡人心喪之禮終於三年亦無服喪三年之文天子之位至尊萬機之政至大羣臣之衆至廣不得同之於凡人故大行既葬祔祭於廟則因疏而除之已不除則羣臣莫敢除故屈已以除之而諒闇以終制天下之人皆曰我王之仁也屈已以從宜皆曰我王之孝也既除而心喪我王猶若此之篤也凡我臣子亦安得不自勉以崇禮此乃聖制移風易俗之本也議奏皇太子遂除衰麻而諒闇喪終是知三年喪畢謂心喪畢然後王自聽政也

子曰上好禮則民易使也民莫敢不敬故易使

五

於斯矣者曾子云昔時我同志之友顏淵嘗從事於斯矣言能行此上之事也曾子曰可以託六尺之孤孔曰六尺之孤幼少之君可以寄百里之命孔曰攝君之政令臨大節而不可奪也大節安國家定社稷奪不可傾奪君子人與君子人也疏曾子至人也○正義曰此章論君子德行也曾子曰可以託六尺之孤者謂可委託以幼少之君也若周公霍光也可以寄百里之命者謂君在亮陰可當國攝君之政令也臨大節而不可奪也者奪謂傾奪大節謂安國家定社稷言事有可以安國家定社稷臨時固守羣衆不可傾奪也君子人與君子人也者言能此已上之事可以謂之君子人與與者疑而未定之辭審而察之能此上事者可謂君子無復疑也故又云君子人也○注孔曰六尺之孤幼少之君○正義曰鄭玄注此云六尺之孤年十五已下言巳下者正謂十四巳下亦可寄託非謂六尺可通十四巳下鄭知六尺年十五者以周禮鄉大夫職云國中自七尺以及六十野自六尺以及六十有五皆征之以其國中七尺爲二十對六十野云六尺對六十五晚校五年明知六尺與七尺早校五年故以六尺爲十五也曾子

泰伯

偉哉

月正元日舜格于文祖告服堯喪畢之後

傳舜服堯之喪三年畢將即政故復至文祖廟告

位堯崩讓而不居孟子云堯崩三年之喪畢舜避丹朱於南河之南天下諸

而之舜謳歌者不之堯子而謳歌舜曰天也然後之中國踐天子位旣言

畢將欲即政復至文祖廟告前以攝位告今以即政告也

知舜服堯喪三年畢將即政者以堯存且攝其

侯朝覲者不之堯子而之舜獄訟者不之堯子

然矣此文汉承三載之下故知舜服堯喪三年

陡必

亮陰

偽讀 王宅憂亮陰三祀陰默也居憂信默三年不言。亮本又作諒如字又力章反。疏王宅憂亮陰三祀。正義曰言王居父憂信任冢宰默而不言已三年矣三年不言自是常事史錄此句於首者謂旣免喪事可以言而猶不言故述此以發端也。傳陰默至不言。正義曰陰者幽闇之義默亦闇義故爲默也易稱君子之道或默或語則默者不言之謂也無逸傳云乃有信默三年不言有此信默則信謂信任冢宰

也

之死亡哀悼在心初則爲甚已後漸輕皆有求而不得望而不及但所據有淺深耳殯後雖據外貌亦猶哀在内心但稍輕耳故鄭注上檀弓云皆哀悼在心之貌○子張問曰書云高宗三年不言言乃讙有諸時人君無行三年之喪禮者問有此與怪之也讙喜說也言乃喜說則民臣望其言久○讙音歡說音悅下同仲尼曰胡爲其不然也古者天子崩王世子聽於冢宰三年冢宰天官卿貳王事者三年之喪使之聽朝

疏子張至三年○正義曰此一節論世子遭喪冢宰聽政之事○言乃讙者尚書無逸云言乃雍雍讙字相近義得兩通故鄭隨而解之

檀弓下

民權

桓公問第五十六

襍篇七

齊桓公問管子曰吾念有而勿失得而勿忘為之有道乎對曰勿創勿作時至而隨毋以私好惡害公正察民所惡以自為戒（人有所惡己行之非）黃帝立明臺之議者上觀於賢也堯有衢室之問者下聽於人也舜有告善之旌而主不蔽也禹立諫鼓於朝而備訊（唉訊問也唉驚問也）湯有總街之庭以觀人誹也武王有靈臺之復而賢者進也（復謂白也）此古聖帝明王所以有而勿失得而勿忘者也桓公曰吾欲效而為之其名云何對曰名曰嘖室之議（謂議論者言語讙嘖）曰法簡而易行刑審而不犯事約而易從求寡而易足人有非上之所過謂之正士（見上有過而非之可謂正士）內於嘖室之議（納正士之言著為嘖室之議）有司執事者咸以厥事奉職而不忘為此嘖室之事也請以東郭牙為之此人能以正事爭於君前者也桓公曰善

管子桓公問

○鄭人游于鄉校（鄉之學校。校戶孝反下同鄭國謂學爲校）以論執政（論其得失）然明謂子產曰毁鄉校何如（患人於中謗議國政。謗布浪反）疏（鄉校。正義曰詩序云子衿刺學校廢是校爲學之别名）子產曰何爲夫人朝夕退而游焉以議執政之善否其所善者吾則行之其所惡者吾則改之是吾師也若之何毁之我聞忠善以損怨（爲忠善則怨謗息。夫音扶下并注同朝直遥反舊如字惡烏路反又如字）不聞作威以防怨（欲毁鄉校即作威）豈不遽止然猶防川（遽畏懼也。遽其據反）大決所犯傷人必多吾不克救也不如小決使道（道通也。道音導注同）不如吾聞而藥之也（以爲己藥石）疏（不如至之也。正義曰言不如不毁鄉校使人游處其中聞謗我之政者而即改焉以爲我之藥石也）然明曰蔑也今而後知吾子之信可事也小人實不才若果行此其鄭國實賴之豈唯二三臣仲尼聞是語也曰以是觀之人謂子產不仁吾不信也

政治

舒通太平自得而已故於驩虞又有以聞矣此孟子所以抑區區之霸而尊崇其王者也孟子曰仁言不如仁聲之入人深也仁言政教法度之言也仁聲樂聲雅頌也仁言之政雖明不如雅頌感人心之深也善政不如善教之得民也善政使民不違上善教使民尚仁義心易得也善政民畏之善教民愛之善政得民財善教得民心畏之不逋怠故賦役舉而財聚於一家也愛之樂風化而上下親故歡心可得也疏孟子至民心○正義曰此章言明法審令民趨君命崇寬務化民愛君德故曰移風易俗莫善於樂

叔子如子孫知子駹子。駹武邦反【疏】注子如至駹子。正義曰子如即是子班據傳可知。以外無文見其同時被殺必是近親相傳爲此說耳。曹人使公子負芻守使公子欣時逆曹伯之喪二子皆曹宣公庶子。芻初俱反守手又反欣時如字徐云或作款亦音欣案公羊傳作喜時宜音忻秋負芻殺其大子而自立也宣公大子諸侯乃請討之晉人以其役之勞請俟他年冬葬曹宣公既葬子臧將亡子臧公子欣時國人皆將從之不義負芻故成公乃懼成公負芻告罪且請焉請留子臧乃反而致其邑還邑於成公爲十五年執曹伯傳

成十三

政治

五輔第十（謂六興七體八經五務三度此五者可以輔弼國政也）

外言一

古之聖王所以取明名廣譽厚功大業顯於天下○不忘於後世○非得人者未之嘗聞○（不得於人而能使名譽顯當時功業流後世者則未嘗聞）暴王之所以失國家危社稷覆宗廟滅於天下○非失人者未之嘗聞○（不失於人而能使失國覆宗者亦未嘗聞）今有土之君皆處欲安○動欲威戰欲勝○守欲固○大者欲王天下○小者欲霸諸侯○（言諸侯欲大利則王天下欲小利則霸諸侯也）而不務得人○是以小者兵挫而地削○大者身死而國亡○（既不務得人故必致禍小則地削大則國亡）故曰人不可不務也○（當務得之於人）此天下之極也○曰然則得人之道莫如利之○利之之道莫如教之以政○故善

人是君也○（至善之兵不求其地所以君可罰人若紂桀之人比屋可誅也）立義而加之以勝○至威而實之以德○守之而後修勝心焚海內○（既獲敵人之國順而守之然後修其法制如此則强勝之心可以焚灼於海內）民之所利立之○所害除之○則民人從○（立利除害則人從之）立為六千里之侯○則大人從○（既九會之後天子加命立為侯伯面各三千里）

管子 幼官

罷美名招徠乎

按别本注百姓見惡人之所惡

政治

小稱第三十二　稱舉也小舉其過則當權而改之

短語六

管子曰身不善之患。毋患人莫己知。言但患身之不善耳無患人不知己也丹青在山民知而取之。美珠在淵民知而取之。丹青與珠各有可用之性故雖在山泉而藏之人猶知而取之況在於人懷善而不知乎是以我有過為而民毋過命。我身有過為人必知而名之毋有過而妄命者也民之觀也察矣不可遁逃。有過必知故不可以遁逃以為不善。故我有善則立譽我。我有過則立毀我。當民之毀譽也。則莫歸問於家矣。人既毀譽則己之善惡審矣故不復問家家則左右佞媚者善揜其過而飾其非也故先王畏民。民之毀譽必當其過善故畏之操名從人。無不强也。謂君自行善持名使之延譽故强也操名去人。無不弱也。君既行惡即是持名去人無善可稱故弱雖有天子諸侯。民皆操名而去之。則捐其地而走矣。皆持其名而去於人則過惡日聞人共畏之故弃其地而走也故先王畏民。無善名則弃之走故畏人在於身者孰為利。氣與目為利。氣也者所以生全其形目也者所以獨見其運為功用莫

政治

民不可慢

子曰小人溺於水君子溺於口大人溺於民皆在其所褻也言人不溺於所敬者溺謂覆没不能自理出也○溺乃歷反覆芳服反○夫水近於人而溺人德易狎而難親也易以溺人言水人所沐浴自潔清者至於深淵洪波所當畏慎也由近人之故或泳之游之褻慢而無戒心以取溺焉有德者亦如水矣初時學其近者小者以從人事自以爲可則侮狎之至於先王大道性與天命則遂扞格不入迷惑無聞如溺於大水矣難親親之當肅敬如臨深淵○近附近之近注由近人同易以豉反下同狎徐戶甲反淸如字又才性反洪本又作鴻泳音詠潛行爲泳游音由侮亡甫反捍胡旦反格戶白反○口費而煩易出難悔易以溺人費猶惠也言口多空言且煩數也過言一出駟馬不能及不可得悔也口舌所覆亦如溺矣費或爲哱或爲悖○費芳貴反注同數色角反覆芳服反又芳又反哱或爲悖並布內反○夫民閉於人而有鄙心可敬不可慢易以溺人言民不通於人道而心鄙詐難卒告諭人君敬慎以臨之則可若陵虐而慢之分崩怨畔君無所尊亦如溺矣○慢本又作漫音武諫反卒寸忽反故君子不可以不慎也慎所可褻乃不溺矣太甲曰毋越厥命以自覆也若虞機張往省括于厥度則釋越之言蹷也厥其也覆敗也言無自顛蹷女之政教以自毀敗虞主田獵之地者也機弩牙也度謂所擬射也虞人之射禽弩已張從機間視括與所射參相得乃後釋弦發矢爲政亦當以巳心參於羣臣及萬民可乃後施也○大音泰覆芳服反注同括古活反于厥度如字又大各反注同尚書無厥字蹷其厥反又紀衛反一音厥女音汝擬魚起反本亦作擬射食亦反下同○兌命曰惟口起羞惟甲胄起兵惟衣裳在笥惟干戈省厥躬兌當爲說謂殷高宗之臣傅說也作書以命高宗尚書篇名也羞猶辱也衣裳朝祭之服也惟口起辱當慎言語也惟甲胄起兵當慎軍旅之事也惟衣裳在笥當服以爲禮也惟干戈省厥躬當恕已不尙害人也○兌依注作說本亦作說兵尚書作戎笥司吏反爲說音悅下傳說同朝直遥反太甲曰天作孼可違也自作孼不可以逭違猶辟也逭逃也○孼魚列反下同尚書作天作孼猶可違也不可以逭本又作逭乎亂反尚書作弗可逭無以字辟音避○尹吉曰惟尹躬天見于西邑夏自周有終相亦惟終尹吉亦尹誥也天當爲先字之誤忠信爲周相助也謂臣也伊尹言尹之先祖見夏之先君臣皆忠信以自終今天絶桀者以其自作孼伊尹始仕於夏此時就湯矣夏之邑在亳西見或爲敗邑或爲予○吉音誥出注羔報反天依注作先西田反相息亮反亳步各反

疏 子曰至惟終○正義曰此一節戒慎言之事○小人溺於水者謂卑賤小人居近川澤者愛翫於水溺覆没也多爲水所覆故云小人溺於水○君子溺於口者言卿大夫之君子以口傷人而致怨恨遂被覆没亦如溺於水不能自

治也○大人溺於民者大人謂人君也由君在上陵虐下民則人衆離叛君無所尊故溺於民也皆在其所褻也者言小人君子大人等所以被没溺者皆在於褻慢而不能敬慎故致溺也○夫水近於人而溺人者釋上三事所以致溺也此說水溺所由也水若遠於民則人不没溺但由水近人則人得用之沐浴而日日狎習不復畏懼或泳之或游之無有誠忌至於洪波浪起亦猶習以爲常故致覆溺也○德易狎而難親也易以溺人者德易狎者言有德之人初時學其近者淺者謂言可得是易可親狎至大者遠者莫測其理是難可親也初時易狎是易也終則難親是溺人也故云易以溺人也○口費而煩易出難悔易以溺人者說德既竟此還釋溺口所由費惠也口虛出言而無實從之是口惠也口惠不難失在煩數故云而煩也無以實言是易出也一出言駟馬追之不及是難悔必爲物所憾所以有禍口費易出難悔被害是溺人也○夫民閉於人而有鄙心者此釋溺民所由也言下民之情常自閉塞不通人道故云閉於人也而用心鄙詐故云有鄙心可敬不可慢易以溺人者既閉塞人道而有鄙詐卒難告喻故人君當敬以臨之庶其漸染若又陵慢則必怨畔則國無民君道便喪溺也民處卑下易可褻慢終致怨畔是溺人也○大甲曰毋越厥命以自覆也者伊尹戒大甲辭言無得顛越其教命以自覆敗也○若虞機張者虞謂虞人機謂弩牙言爲政之道如虞人射獸先弩牙以張也○往省括于厥度則釋者謂已心往機關省視箭括當於所射之度乃釋弦而發矢故云則釋言爲政之道政教已陳當以已心省此所施政教合於羣下然後乃施之也○兌命曰惟口起羞惟甲冑起兵者此尚書篇名傳說戒高宗之辭口爲榮辱之主若出言不當則被人所賤故起羞辱也甲冑罰罪之器若所罰不當反被兵戎所害故甲冑起兵也○惟衣裳在笥惟干戈省厥躬者衣裳在笥當服之以行禮不可妄與於人惟所施干戈之事當自省己身不可妄加無罪恨以害人○大甲曰天作孽可違也者若水旱災荒自然而有非由人失所致故云天作孽亦可從移辟災是可違也○自作孽不可以逭者已自作禍物皆怨恨所在而致禍害故不可逃也○尹吉曰惟尹躬天見于西邑夏者吉當爲告天當爲先言伊尹告大甲云伊尹身之先祖見西方夏邑之君謂禹也夏都在亳西故云西邑也自周有終相亦惟終者周謂忠信言夏之先君有能忠信得自有其終其輔相之臣亦如先君亦得終久也引者証人君若脩德行善則能終○注難親至深淵○正義曰言德易狎而難親者其終始易親則全無溺人之事由其初則易狎後則難親當恒肅敬如臨深淵水若不肅敬則致陷害故云溺人也○注兌當爲說○正義曰尚書序云高宗夢得說使百工營求諸野得諸傅巖作說命三篇是高宗之臣傅說也說作書以戒高宗也○注尹吉至亳西○正義曰云尹吉者上經已解尹吉爲尹告故此云亦誥也云天當爲先者以天字與先者以天字與先相似故爲先也云忠信爲周者國語文也云伊尹言尹之先祖者鄭君不見古文尚書故云伊尹之先祖據尚書是大甲之篇言尹之往先見夏之先君是身之往先見非謂尹之先祖也云伊尹始仕於夏此時就湯矣者書序云伊尹去亳適夏既醜有夏復歸于亳是始仕於夏也經云先見西邑夏故知爲誥之時就湯矣以鄭不見古文謂言尹誥是伊尹告成湯故云此時就湯矣與尚書同云夏之邑在亳西者案世本及汲冢古文並云禹都咸陽正當亳西也及後乃徙安邑鄭以爲湯都偃師爲亳邑則是安邑亦在亳西也

子曰民以君爲心君以民爲體心莊則體舒心肅則容敬心好之身必安之君好之民必欲之心以體全亦以體傷君以民存亦以民亡莊齊莊也○好呼報反齊側皆反○詩云昔吾有先正其言明且清國家以寧都邑以成庶民以生誰能秉國成不自爲

正卒勞百姓先正先君長也誰能秉國成傷今無此人也成邦之八成也誰能秉行之不自以所爲者正盡勞來百
姓憂念之者與疾時大臣專功爭美。昔吾有先正從此至庶民以生總五句今詩皆無此語餘在小
雅節南山篇或皆逸詩也淸舊才性反一云此詩協韻宜如字上先正當音征誰能
秉國成毛詩無能字勞力報反注勞來同詩依字讀長丁丈反來力再反與音餘。君雅曰夏日暑雨小民惟
曰怨資冬祁寒小民亦惟曰怨雅書序作牙假借字也君雅周穆王司徒作尚書篇名也資當爲至齊魯之語
聲之誤也祁之言是也齊西偏之語也夏日暑雨小民怨天至冬是寒小民又
怨天言民恒多怨爲其君難。雅音牙注同尚書作牙夏日戶嫁反注同尚書無
日字資依注音至尚書作咨連上句云怨咨祁巨依反徐巨尸反字林上尸反。疏予曰至曰怨。正義曰此論君人
相須言養人之道不可不慎也。

十三經注疏　禮記五十五　緇衣　十一

詩云昔吾有先正其言明且淸者此逸詩也正長也詩人稱昔吾之有先君正長其教令之言分明且淸絜國家所以安
也都邑所以成也庶人所以生也。誰能秉國成不自爲正卒勞百姓者卒盆也言詩人傷今無復有先正之賢故云今
日誰能執國之八成又當謙退之不自爲正者得其正道能用仁恩盡勞來百姓言今無復有如此之人疾時大臣惟專
功爭美各自爲是也君雅曰夏日暑雨小民惟曰怨者此穆王命君牙之辭也言民心難稱所怨恒多夏日暑熱及雨天
之常道細小之人惟曰怨資也。資冬祈寒小民亦惟曰怨者至於冬日是大寒之時小人亦惟曰怨猶言君政雖曰得當
人怨之不已是治民難也。注成邦之八成也。正義曰案周禮小宰職云掌以官府之八成經邦治一曰聽政役以比
居二曰聽師田以簡稽三曰聽閭里以版圖四曰聽稱責以傅別五曰聽祿位以禮命六曰聽取予以書契七曰聽賣買
以質劑八曰聽出入以要會皆成事品式以聽治於人。注雅書至字也。正義曰言古牙字假雅字以爲牙故尚書以
爲君牙此爲君雅案尚書云小民惟曰怨咨今此本
作資字。鄭又讀資當爲至以鄭不見古文尚書故也

民治

君司民權者，民亦操君司之權矣

此篇主張凡十八頁

民義

民君之宣討

淮南子主術訓二頁

三五年

修務訓三頁

權氏

吳不道杉某氏謝矣謝爲楓之别只萬人楓某矣示家取錄

左成廿五

則宥之過失若今律過失殺人不坐死鄭玄云遺亡若問帷薄忘有在焉而以兵矢投射之凡此三宥也○注云行此三愼之聽也蓋指孟子言自左右皆曰賢至國人殺之也者是爲之解也

齊宣王問曰湯放桀武王伐紂有諸有之否乎孟子對曰於傳有之於傳文有之矣曰臣弑其君可乎王問臣何以得弑其君豈可行乎曰賊仁者謂之賊賊義者謂之殘殘賊之人謂之一夫聞誅一夫紂矣未聞弑君也言殘賊仁義之道者雖位在王公將必降爲匹夫故謂之一夫也但聞武王誅一夫紂耳不聞弑君也書云獨夫紂此之謂也

疏齊宣王問至未聞弑君也○正義曰此章言孟子云紂崇惡失其尊名不得以君臣論之欲以深寤宣王垂戒于後也齊宣王問曰湯放桀武王伐紂有諸者是宣王問孟子言商之湯王放其夏王桀於南巢之地周武王伐商王紂於鹿臺之中還是有此言也否乎孟子對曰於傳有之者孟子荅宣王以爲傳文有是言也故書云湯放桀於南巢惟十有一年武王伐紂又史記武王伐紂紂走入登鹿臺蒙衣其珠玉自燔于火而死武王以黄鉞斬紂頭縣大白之旗是也曰臣弑其君可乎者宣王問孟子如是則爲臣下者得以殺其君上豈可乎曰賊仁者謂之賊賊義者謂之殘殘賊之人謂之一夫聞誅一夫紂矣未聞弑君也者孟子

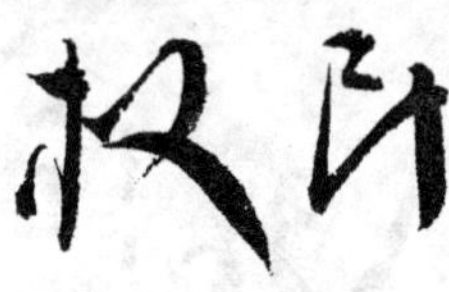

…緣之然　孟子曰不仁而

得國者有之矣不仁而得天下者未之有也不仁得國者謂象封於有庳叔鮮叔度封於管蔡以親親之恩而得國也雖有誅亡其世有土丹朱商均天下元子以其不仁天下不與故不得有天下焉疏正義曰此章言王者當天然後處之桀紂幽厲雖得猶失不爲得者也孟子曰不仁而得國有之矣不仁而得天下未之有也者孟子言世有不仁之者而得其國而爲臣者有之矣不仁之人而得天下而爲王者故未之有也是以桀紂幽厲雖得而終亦失之亦且不爲者也○注象封有庳叔鮮叔度封於管蔡與丹朱商均者正義曰云象封有庳孟子於萬章篇言之詳矣云叔鮮叔度者案世家史記云管叔鮮蔡叔度周文王子而武王之弟也武王克殷紂平天下封功臣昆弟於是封叔鮮於管封叔度於蔡杜預云管在滎陽京縣東北世本曰居上蔡丹朱商均者丹朱堯之子也商均舜之子也又言於上篇已詳矣

孟子曰民爲貴社稷次之君爲輕是故得乎丘民而爲天子君輕於社稷社稷輕於民丘十六井也天下丘民皆樂其政則爲天子殷湯周文是也得乎天子爲諸侯得天子之心封以爲諸侯得乎諸侯爲大夫得諸侯之心諸侯能以爲大夫諸侯危社稷則變置諸侯爲危社稷之行則變更立賢諸侯也犧牲既成粢盛既絜祭祀以時然而旱乾水溢則變置社稷犧牲已成肥腯粢稻已成絜精祭祀社稷常以春秋之時然而其國有旱乾水溢之災則毀社稷而更置之○疏孟子至社稷○正義曰此章言得民爲君得君爲臣論君民社稷之輕重也孟子曰至則變置社稷者孟子言民之爲貴不可賤之者也社稷次之於民而君比於民猶以爲輕者如此者也如此故得乎四邑之民以樂其政則爲天子以有天下得乎天子之心則爲諸侯以有其國得乎諸侯之心以爲大夫有其家如諸侯不能保安其社稷而以危之則變更立置其賢君是社稷有重於君也犧牲既成以肥腯粢盛既成以精絜祭祀又及春秋祈報之時然而其國尚有旱乾水溢之災則社稷無功以及民亦在所更立有功於民者爲之也是民又有貴於社稷也此孟子所以自解民爲貴社稷次之君爲輕之敍也云社稷者蓋先王立五土之神祀以爲社立五穀之神祀以爲稷以古推之自顓帝以來用句龍爲社柱爲稷及湯之旱以棄易其柱是亦知社稷之變置又有見於湯之時然也○注君輕於社稷至於殷湯周文也○正義曰此丘十六井也者案司馬法云六尺爲步步百爲畝畝百爲夫夫三爲屋屋三爲井井十爲通通十爲成是一丘爲十六井而一井爲九夫

政治名鑒

孔子過泰山側，有婦人哭於墓者而哀。夫子式而聽之，怪其哀甚。使子路問之曰：子之哭也，壹似重有憂者。而曰：然。昔者吾舅死於虎，吾夫又死焉，今吾子又死焉。而猶乃也。夫之父曰舅。○重直用反。夫子曰：何為不去也？曰：無苛政。夫子曰：小子識之，苛政猛於虎也。苛音何，本亦作荷。識申吉反，又如字。

疏 孔子至虎也○正義曰：此一節論苛政嚴於猛虎之事。○子之哭也壹似重有憂者○言子之哭也，壹似重疊有憂喪者也。壹者決定之辭也。○而曰然者，而乃也。婦人哭畢，乃荅之曰然。然猶如是，是重疊有憂也。

苛政猛于虎

子之哭也一勉妻於婦人如子

從之民之從之四年而畢

與

賢者能得民也以其能得民也故民守之迫之而後能去

云

去者見迫不得不去也

○紀侯大去其國大

去者不遺一人之辭也言民之從者四年而後畢也紀侯賢而齊侯滅之不言滅而曰大

去其國者不使小人加乎君子不曰滅而曰大去其國蓋抑無道之強以優有道之弱若進止在己非齊所得滅也何休曰春秋楚世子商臣弑其君其後滅江六不言大去又大去者於齊滅之不明但知不使小人加乎君子而不言滅縱失襄公之惡反爲大去也鄭君釋之曰商臣弑其父大惡也不得但爲小人江六之君又無紀侯得民之賢不得變滅言大去也元年冬齊師遷紀三年紀季以酅入于齊今紀侯大去其國是反起齊滅之矣即以變滅言大去爲縱失襄公之惡是乃縱也非傳也且春秋因事見義舍此以滅人爲罪者自多矣○縱子用反見賢徧反舍音捨

疏注舍此至多矣○釋曰此是鄭難何休云縱失襄公之惡也言春秋有因事見義者不得不舍此以滅人爲罪也若僖五年晉人執虞公十九年梁亡之類是也

穀梁

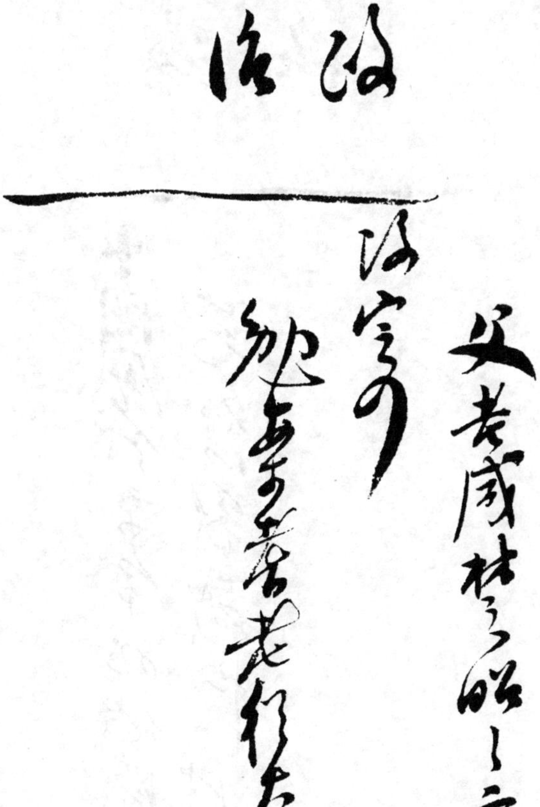

論治

中國歷代帝室能破壞舊法乃能於破壞舊法

甚爲不得制裁也　法國以改法爲第一端重之年

政體一

孫林父甯殖相公孫剽以聽命于諸侯

——趙桌共秉極也

於羔也乃赦之衛人立公孫剽剽穆公孫○剽匹妙反音甫遙反字林父召反孫林父甯殖相之以聽命於諸侯聽盟會之命○相息

襄十四

民权（古的）

於是軍師之欲戰者衆或謂

欒武子曰聖人與衆同欲是以濟事子盍從衆盍何不也。帥所類反下注同盍戶臘反子爲大政中軍元帥將酌於民者也酌取民心以爲政。子之佐十一人六軍之卿佐。疏子之佐十一人。正義曰服虔云是時欒書將中軍荀首佐之荀庚將上軍士燮佐之郤錡將下軍趙同佐之韓厥將新中軍趙括佐之鞏朔將新上軍韓穿佐之荀騅將新下軍趙旃佐之其不欲戰者三人而已知范韓也欲戰者可謂衆矣商書曰三人占從二人衆故也商書洪範疏注商書洪範。正義曰武王克殷始作洪範今見在周書傳謂之商書者以箕子商人所陳故也。武子曰善鈞從衆鈞等也。夫善衆之主也三卿爲主可謂衆矣三卿皆晉之賢人。從之不亦可乎傳善欒書得從衆之義且爲八年晉侵蔡傳。

十三經注疏　春秋左傳二十六　成公六年　七年　四

成六

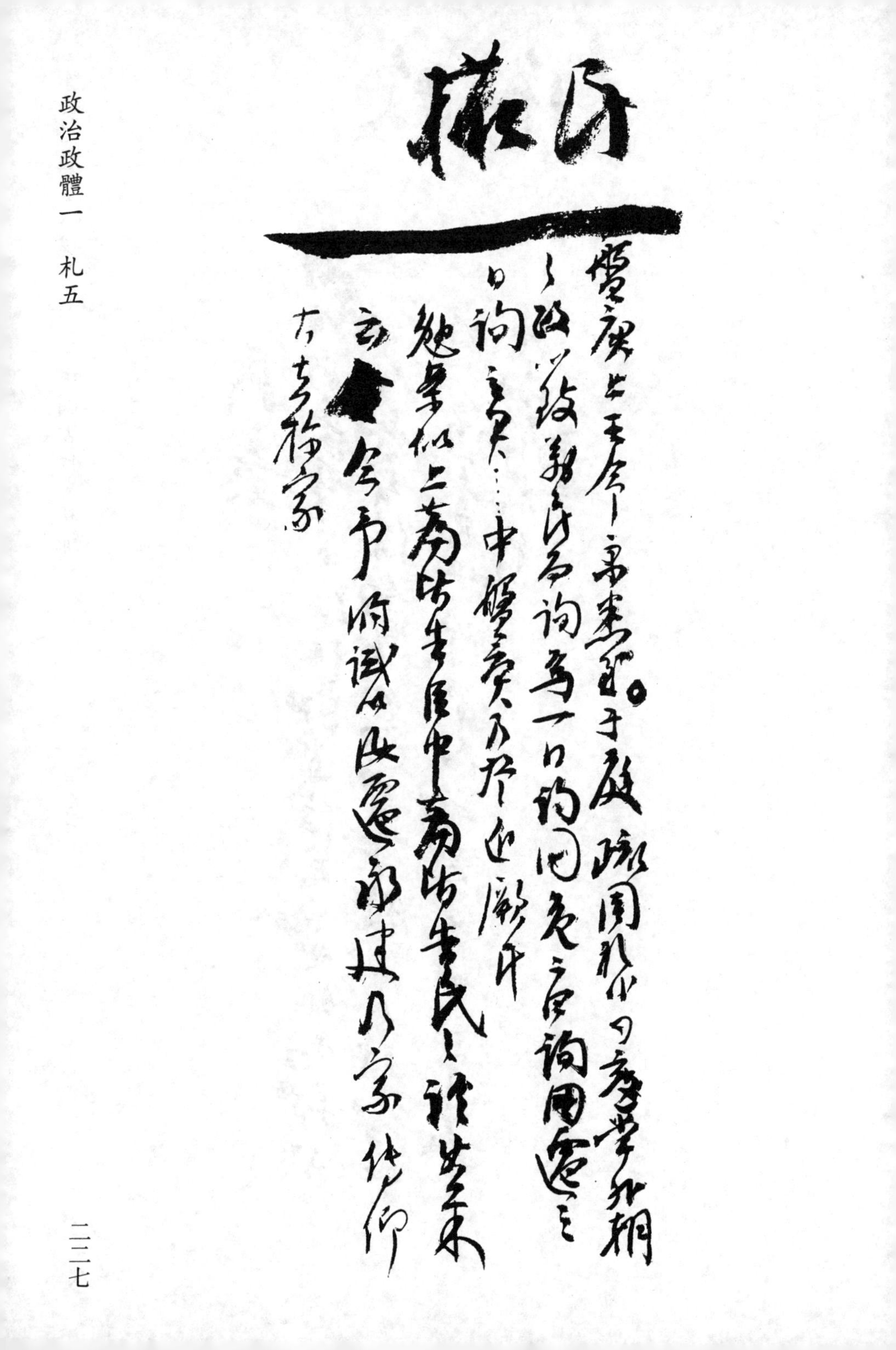

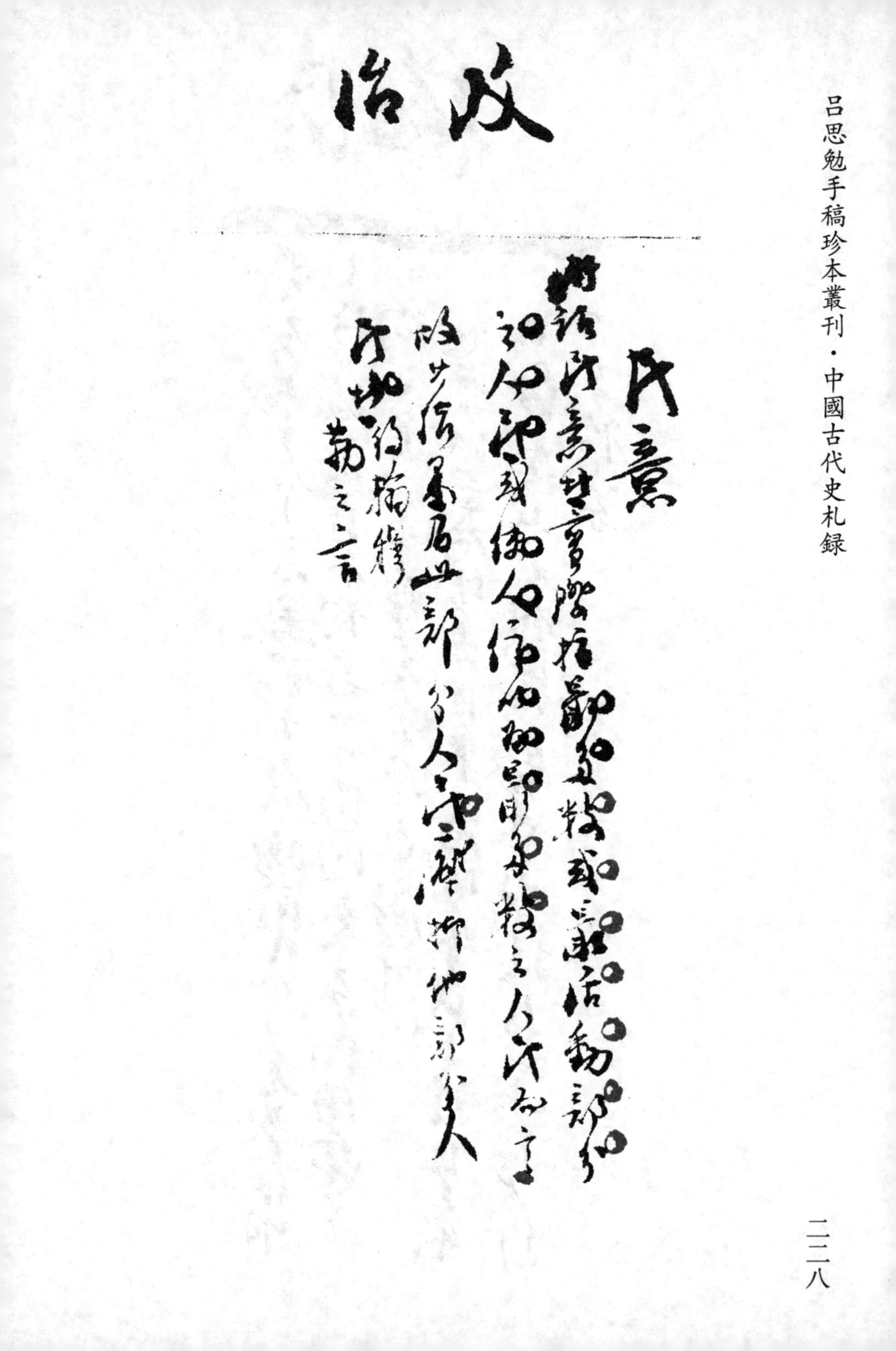

政治

民意

[illegible]

[illegible]

[illegible]

[illegible]

[illegible] 勉之言

改

御僕掌羣吏之逆及庶民之復與其弔勞羣吏府吏以下疏注羣吏府吏以下○釋曰大僕掌諸侯復逆小臣掌三公孤卿復逆此官所云羣吏對庶民是府吏以下言以下兼胥徒若然不見大夫士者小臣孤卿中兼之矣大祭祀相盥而登相盥者謂奉槃授巾與登謂為王登牲體於俎特牲饋食禮主人降盥出舉入乃匕載○奉槃芳勇反為于偽反疏注相盥至匕載○釋曰上小臣云沃此又云盥明是奉槃授巾以其少牢特牲尸盥時有奉槃授巾之事故云也以無正文故云與以疑之也云登謂為王登牲體於俎者以其文承祭祀之事故引特牲匕載載即登牲體於俎也大

十三經注疏　周禮三十一　夏官司馬下　五

喪持翣翣棺飾也持之者夾蝅車○翣所甲反蝅辰軫反劉薄忍反疏注翣棺至蝅車○釋曰依喪大記注引漢禮翣以木為匡廣三尺高二尺四寸方兩角高衣以白布畫者畫雲氣謂之畫翣畫之以黼謂之黼翣之類是也天子用八諸侯用六大夫用四士用二在路夾蝅車兩旁入壙則樹之四旁故云棺飾也掌王之燕令燕居時之令疏注燕居時之令○釋曰以御侍近臣故使掌燕居時之令施之於外也

御僕∧羣吏之逆及庶民之復

王之燕令

吳在楚也○六月季平子行東野東野季氏邑○行下孟反下桓子行同還未至丙申卒于房○陽虎將以璵璠斂璵璠美玉君所佩○璵本又作與音餘璠音煩又方煩反斂力驗反疏注璵璠至所佩○正義曰案說文云璵璠魯之寶玉璵璠是一玉名說文又云瑜美玉與璵璠異也昭公出奔之後平子攝行君事入宗廟佩此玉陽虎以平子奢佩此玉故將以斂之仲梁懷不與明此玉是君所佩也君之所佩故爲美玉也玉藻云公侯佩山玄玉此當時所佩未必是山玄也玉藻又云古之君子必佩玉右徵角左宮羽鄭玄云徵角在右事也民也可以勞宮羽在左君也物也宜逸

十三經注疏　春秋左傳五十五　定公五年　二十六

仲梁懷弗與懷亦季氏家臣曰改步改玉昭公之出季孫行君事佩璵璠祭宗廟今定公立復臣位改君步則亦當去璵璠○去起呂反疏改步改玉○正義曰步謂行也玉藻云君與尸行接武大夫繼武士中武鄭玄云尊者尚徐接武蹈半迹繼武迹相及也中武迹間容迹是君臣步不同也玉藻又云公侯佩山玄玉大夫佩水蒼玉是君臣玉不同也昭公之出季氏行君事爲君行佩君玉及定公立季氏復臣位故步玉皆改矣陽虎欲逐之告公山不狃不狃曰彼爲君也子何怨焉不狃季氏臣費宰子洩也爲君不欲使僭○狃女九反爲于僞反注同洩息列反僭子念反疏彼爲君○正義曰家臣謂季氏爲君故注云不欲使僭既葬桓子行東野桓子意如子季孫斯及費子洩爲費宰逆勞於郊桓

定五

叔向謂宣子曰文之伯也豈能改物言文公雖霸未能改正朔易服色○伯如字又音霸翼戴天子而加之以共翼佐也自文以來世有衰德而暴滅宗周宗周天子以宣示其侈諸侯之貳不亦宜乎且王辭直子其圖之宣子說王有姻喪外親之喪○說音悅【疏】王有姻喪○正義曰隱元年傳云士踰月外姻至姻是外親故杜云外親之喪也服虔云婿之父曰姻王之后喪父於王亦有服義故往弔案妻父爲姻雖有此稱王之納后必取諸侯之女后之父母不得身在京師往弔可耳何以得致襚也以致襚言之知是外親之喪耳不如外親喪是誰死使趙成如周弔且致閻田與襚襚送死衣○襚音遂贈死衣服反潁俘王亦使賓滑執甘大夫襄以說於晉晉人禮而歸之賓滑周大夫○俘方夫反滑乎八反又于八反說如字又音悅

政体

讀郊祀志 王莽奏言「王者父事天，故爵稱天子」

音竹亮反下皆類此百官煩費勞所保之民行危險之地師古曰保養也難以奉神靈而祈福祐殆未合於承天子民之意昔者周文武郊於豐鄗成王郊於雒邑由此觀之天隨王者所居而饗之可見也甘泉泰畤河東后土之祠宜可徙置長安合於古帝王願與羣臣議定奏可大司馬車騎將軍許嘉等八人以爲所從來久遠宜如故右將軍王商博士師丹議郎翟方進等五十人以爲禮記曰燔柴於太壇祭天也瘞薶於太折祭地也韋昭曰太折謂爲壇於昭晣地也師古曰折曲也言方澤之形四曲折也兆於南郊所以定天位也鄧展曰除地爲營埒有形兆也祭地於太折在北郊就陰位也郊處各在聖王所都之南北書曰越三日丁巳用牲于郊牛二師古曰周書洛誥之辭周公加牲告徙新邑定郊禮於雒明王聖主事天明事地察天地明察神明章矣天地以王者爲主故聖王制祭天地之禮必於國郊長安聖主之居皇天所觀視也甘泉河東之祠非神靈所饗宜徙就正陽大陰之處違俗復古循聖制定天位如禮便於是衡譚奏議曰陛下聖德悤明上通師古曰悤與聰同承天之大典覽羣下使各悉心盡慮議郊祀之處天下幸甚臣聞廣謀從衆則合於天心○宋祁曰南本作合於天下心故洪範曰三人占則從二人言師古曰洪範周書也言少從多之義也論當往古宜於萬民則依而從之師古曰論議也音來頓反違道寡與則廢而不行今議者五十八人其五十人言當從之義皆著於經傳同於上世便於吏民八人不按經藝考古制而以爲不宜無法之議難以定吉凶太誓曰正稽古立功立事可以永年丕天之大律師古曰今文泰誓周書也稽考也永長也丕奉也律法也言正考古道而立事則可長年享有天下是則奉天之大法也詩曰毋曰高高在上陟降厥士日監在茲師古曰詩周頌敬之詩也陟升也士事也言無謂天之高而又高遠在上而不加敬天乃上下升降日日監觀於此視人之所爲者耳言天之日監王者之處也又曰迺眷西顧此維予宅師古曰大雅皇矣之詩也宅居也言天眷然西顧以周國爲居也商紂在東故謂周爲西也言天以文王之都爲居也宜於長安定南北郊爲萬世基天子從之既定衡言甘泉泰畤紫壇八觚宣通象八方服虔曰八觚如今社壇也師古曰觚角也五帝壇周環其下又有羣神之壇以尚書禋六宗望山川徧羣神之義紫壇有文章采鏤黼黻之飾及玉女樂師古曰漢舊儀云祭天用六綵綺席六重用玉几玉飾器凡七十女樂即禮樂志所云使童男童女俱歌也石壇僊人祠瘞鸞路騂駒寓龍馬不能得其象於古臣聞郊柴饗帝之義埽地而祭上質也歌大呂舞雲門以竢天神歌太蔟舞咸池以竢地祇師古曰此周禮也大呂合於黃鐘黃鐘陽聲之首也雲門黃帝樂也太蔟陽聲次二者也咸池堯樂也其牲用犢其席槀稭其器陶匏師古曰陶瓦器匏瓠也稭音戛皆因天地之性貴誠上質不敢修其文也以爲神祇功德至大雖修精微而備庶物猶不足以報功唯至誠爲可故上質不飾以章天德紫壇僞飾女樂鸞路騂駒龍馬石壇之屬宜皆勿修衡又言王者各以其禮制事天地非因異世所立而繼之師古曰異世謂前代今雍鄜密上下畤晉灼曰秦文公宣公所立畤也本秦侯各以其意所立非禮之所載術也漢興之初儀制未及定即且因秦故祠復立北畤今既稽古建定天地之大禮郊見上帝青赤白黃黑五方之帝皆畢陳各有位饌祭祀備具諸侯所妄造王者不當長遵及北畤未定時所立師古曰謂高祖之初禮儀未定不宜復修天子皆從焉及陳寶祠由是皆罷明年上始祀南郊赦奉郊之縣及中都官耐罪囚徒師古曰中都官京師諸官府也是歲衡譚復條奏長安廚官縣官給祠郡國候神方士使者所祠凡六百八十三所其二百八所

太倉稊米、弟

美術志（[illegible]）

政治

比屯初九變之比辛廖占之曰吉〔集解〕賈逵曰辛廖晉大夫屯固比入吉孰大焉〔集解〕杜預曰屯險難也所以爲堅固比親密所以得入其後必蕃昌十七年晉侯使太子申生伐東山〔集解〕賈逵曰東山赤狄別種里克諫獻公〔集解〕賈逵曰里克晉卿里季也曰太子奉冢祀社稷之粢盛以朝夕視君膳者也〔集解〕服虔曰廚膳飲食故曰冢子君行則守有守則從〔集解〕服虔曰有代太子守則從之從曰撫軍〔集解〕服虔曰助君撫循軍士守曰監國古之制也夫率師專行謀

也〔集解〕杜預曰率師者必專謀軍事誓軍旅〔集解〕杜預曰宣號令君與國政之所圖也〔集解〕賈逵曰國政正卿也非太子之事也師在制命而已〔集解〕杜預曰命將軍所制稟命則不威專命則不孝故君之嗣適不可以帥師君失其官〔集解〕杜預曰太子統師是失其官率師不威將安用之〔集解〕杜預曰專命則不孝是爲

列傳

甘棠淳人，婦爲其少母之家去年宏母之爲迎其婦，女年三十七歲，以備給散，母首告婦，四十歲，以備給同居。每討丙丁其相關以官十二人給之年五十乃得任。

中國史策中未詳說此事例，古籍如國事例。

政

外朝詢萬民

小司寇之職掌外朝之政以致萬民而詢焉一曰詢國危二曰詢國遷三曰詢立君外朝在雉門之外者也國危謂有兵寇之難國遷謂徙都改邑也立君謂無冢適選於庶也鄭司農云致萬民聚萬民也詢謀也詩曰詢于芻蕘書曰謀及庶人○難乃旦反適丁歷反蕘而招反【疏】小司至立君○釋曰外朝之職朝士專掌但小司寇既爲副貳長官亦與朝士同掌之耳故云掌外朝之政以致萬民者案下文羣吏並在內而此經獨云致萬民者但羣吏在朝是常萬民不合在朝惟在大事及疑獄乃致之故特言之也○注外朝至庶人○釋曰外朝在雉門之外則亦在庫門之外也云國危謂有兵寇之難者謂鄰國來侵伐與國爲難者也云國遷謂徙都改邑也者謂王國遷徙若盤庚遷殷之類若遷卿大夫都邑不在詢限云立君謂無冢適選於庶也者冢適雙言案內則而言謂適后所生最長者爲冢若無冢適后所生次冢以下爲適則適者非一若無適則於衆妾所生擇立之衆妾所生非一是以須與衆人共詢可否此三者皆採衆心衆同乃可依用也先鄭引詩及書者證致萬民之意也其位王南鄉三公及州長百姓北面羣臣西面羣吏東面羣臣卿大夫士也羣吏府史也其孤不見者孤從羣臣卿大夫在公後○鄉許亮反長丁丈反見賢遍反【疏】注羣臣至公後○釋曰案射人及司士孤位皆西方東面北上今此獨在東方西面從羣臣之位者孤無職尊之如賓恒在西但此三詢之朝即朝士所掌之位案朝士外朝云左九棘孤卿大夫位焉羣士在其後右九棘公侯伯子男位焉羣吏在其後面三槐三公位焉州長衆庶在其後以此故知孤從羣臣之位三公北面者案郊特牲君之南鄉荅陽之義也臣之北面荅君也三公臣中之尊北面屈之荅君之意知鄉大夫在公後者以州長衆鄉之屬在公後又二鄉公一人明鄉大夫亦在公後可知也每鄉大夫皆別命鄉爲之六鄉別也小司寇擯以敘進而問焉以衆輔志而弊謀擯謂揖之使前也敘更也輔志者尊王賢明也○擯兵刃反注同更音庚【疏】小司至弊謀○釋曰云以敘進者案小宰六敘皆先尊後卑則此言以敘進謂先公卿以次而下○注擯謂至明也○釋曰此既在朝立定而問之明擯者無別相見之禮故知以次一一揖之使前問之云輔志者尊王賢明也者專欲難成捨己稽衆聖人無心以百姓心爲心今能以衆輔成己志是尊王賢明者也

師儒

衆臣師亦儒也

傳以師爲衆臣

爲朝臣之衆或亦通及吏人。王肅云：古者將舉大事，訊羣吏，訊萬人。堯將讓位，咨四岳，使問羣臣，衆舉側陋，衆皆願與舜。堯計事之大者，莫過禪讓，必應博詢吏人，非獨在位。王氏之言得其實矣。鄭以師爲諸侯之師。帝咨四岳，徧訪羣臣，安得諸侯之師獨對帝也。

民權

衛叛晉問國人

衛侯欲叛晉而患諸大夫王孫賈使次于郊大夫問故（問不入故）公以晉詬語之（詬恥也。詬呼豆反語魚據反）且曰寡人辱社稷其改卜嗣寡人從焉（使改卜他公子以嗣先君我從大夫所立）大夫曰是衛之禍豈君之過也公曰又有患

定八

焉請寡人必以而子與大夫之子為質（為質於晉。質音致注及下同）大夫曰苟有益也公子則往羣臣之子敢不皆負羈絏以從將行王孫賈曰苟衛國有難工商未嘗不為患使皆行而後可（欲以激怒國人○絏息列反從才用反下從從弟不從者同難乃旦反激古狄反）公以告大夫乃皆將行之行有日（有期日）公朝國人使賈問焉曰若衛叛晉晉五伐我病何如矣皆曰五伐我猶可以能戰賈曰然則如叛之病而後質焉何遲之有乃叛晉晉人請改盟弗許

文子使王孫齊私於皐如齊衛大夫王孫賈之子昭子也曰子將大滅衛乎抑納君而已乎皐如曰寡君之命無他納衛君而已文子致衆而問焉曰君以蠻夷伐國國幾亡矣請納之衆曰勿納曰彌牟亡而有益請自北門出欲以觀衆心。幾音畿又音機衆曰勿出重賂越人申開守陴而納公。申重也開重門而嚴設守備欲以恐公使不敢入。陴婢支反重直龍反下同守手又反恐丘勇反公不敢入師還立悼公悼公蒯聵庶弟公子黚也。黚低廉反疏注悼公至黚也。正義曰衛世家謂輒爲出公季父黚殺出公子而自立是爲悼公南氏相之以城鉏與越人公曰期則爲此司徒期也。相息亮反疏以城至爲此。正義曰衛侯先居城鉏以兵侵衛衛人申開守陴衛侯不敢入退還城鉏衛人得以城鉏與越者衛人賂遺於越雖公所在亦以與之令苟有怨於夫人者報之夫人期姊也怒期而不得加戮故欸宮女令苦困期姊。令力呈反注同司徒期聘於越爲悼公聘。爲于僞反公攻而奪之幣期告王越王也王命取之期以衆取之公怒殺期之甥之爲大子者恐期而及其姊爲夫人者遂復及夫人之子。復扶又反遂卒于越終言之也終效夷言死于夷

哀廿六

民权

至異於今也今此二人執而見釋更以書至見義也杜言見義者見其喜得釋特告廟而書至也○三月庚戌晉侯使士景伯涖問周故涖臨也就問子朝敬王知誰曲直○涖音利【疏】晉侯至周故○正義曰晉助敬王久矣今使景伯如周問曲直者以子朝更彊久競未決晉人恐敬王不成更審其事故疑而使察之也晉人於此乃辭王子朝不納其使則以前猶與往來其心兩望至此始絕耳士伯立于乾祭而問於介衆乾祭王城北門介大也○乾音干祭側界反介音戒注同晉人乃辭王子朝不納其使衆言子朝曲故○使

十三經注疏　春秋左傳五十一　昭公二十四年　二

昭廿

吴之入楚也（在定四年）使召陳懷公懷公朝國人而問焉曰欲與楚者右欲與吴者左陳人從田無田從黨（都邑之人無田者隨黨而立不知所與故直從所居田在西者居右田在東者居左）逢滑當公而進。（當公不左不右。滑于八反）曰臣聞國之興也以福其亡也以禍今吴未有福楚未有禍楚未可棄吴未可從而晉盟主也若以晉辭吴若何公曰國勝君亡非禍而何（楚爲吴所勝）對曰國之有是多矣何必不復小國猶復況大國乎臣聞國之興也視民如傷是其福也（如傷恐驚動）其亡也以民爲土芥是其禍也（芥草也。芥古邁反）楚雖無德亦不艾殺其民吴日敝於兵暴骨如莽（草之生於廣野莽莽然故曰草莽。艾魚廢反暴步卜反莽亡黨反）而未見德焉天其或者正訓楚也（使懼而改過）禍之適吴其何日之有（言今至）陳侯從之及夫差克越乃脩先君之怨秋八

十三經注疏　春秋左傳五十七　哀公元年　七

哀元

政治

為政采輿論

子云上酌民言則下天上施

上不酌民言則犯也下不天上施則亂也酌猶取也取衆民之言以爲政教則得民心得民心則恩澤所加民受之如天矣言其尊。施始豉反下同故君子信讓以涖百姓則民之報禮重涖臨也報禮重者猶言能死其難。莅音利又音類難乃旦反詩云先民有言詢于芻蕘先民謂上古之君也詢謀也芻蕘下民之事也言古之人君將有政教必謀之於庶民乃施之。詢音荀芻初俱反蕘如遥反

疏子云至芻蕘。正義曰此一節論上取民心則民報禮重之事。上酌民言則下天上施者酌取也言在上人君取下民之言以爲政教既得民心民皆喜悦則在下之民仰君之德如天敬此在上所施之恩澤言受上恩澤如受之於天尊之也故云下天上施。上不酌民言則犯也者若在上不取民言違戾於下則民人怨怒以犯於上。下不天上施則亂者言在下之民若不仰君如天敬此在上則施之恩澤雖有君恩而在下不領則禍亂之事起也。民之報禮重者以君子在上用信讓以臨百姓則民之報上之禮心意厚重能死其難。詩云先民有言詢于芻蕘者此詩大雅板之篇刺厲王之詩也言厲王不用賢人之言故詩人刺之云先民謂先世之君王將有政教之言必先詢謀採於芻蕘之賤者引之者證上酌民言之事

大詢於衆

大詢于衆庶則

各帥其鄉之衆寡而致於朝。大詢者詢國危詢國遷詢立君鄭司農云大詢于衆庶洪範所謂謀及庶民疏大詢至於朝。釋曰國有大事必順於民心故與衆庶詢謀則六鄉大夫

各帥其鄉之衆寡而致於朝謂外朝三槐九棘之所共詢謀之。注大詢至庶民。釋曰知大詢詢國危詢國遷詢立君者案小司寇職云掌外朝之政以致萬民而詢焉一曰詢國危巳安庶民云國大詢于衆庶而致於朝故知大詢者詢國

危之等此三者皆是國之大事故稱大詢小司寇雖不云大大卜云大貞即此詢國危之等也鄭司農云大詢於衆庶引洪範所謂謀及庶民者彼謀及庶民即大詢於衆庶一也故引為證

與宋人戰夏五月宋敗齊師于甗立孝公而還○秋八月葬齊桓公○冬邢人狄人伐衛圍菟圃衛侯以國讓父兄子弟及朝衆曰苟能治之燬請從焉衆不可而從師

春秋左傳　僖公十八年　七十五

春秋左傳　僖公十九年　七十六

于訾婁狄師還○梁伯益其國而不能實也命曰新里秦取之

有禮也○鄭人游于鄉校以論執政然明謂子產曰毀鄉校何如子產曰何爲夫人朝夕退而游焉以議執政之善否其所善者吾則行之其所惡者吾則改之是吾師也若之何毀之我聞忠善以損怨不聞作威以防怨豈不遽止然猶防川大決所犯傷人必多吾不克救也不如小決使道不如吾聞而藥之也然明曰蔑也今而後知吾子之信可事也小人實不才若果行此其鄭國實賴之豈唯二三臣仲尼聞是語也曰以是觀之人謂子產不仁吾不信也

政體

違憲由來　鄭重封存

久未實行無異儀

49.2

民義

者還之楚衆皆潰去靈王而歸靈王聞太子祿之死也自投車下而曰人之愛子亦如是乎侍者曰甚是王曰余殺人之子多矣能無及此乎右尹曰（集解）駰案左傳曰右尹子革請待於郊以聽國人（集解）服虔曰聽國人欲爲誰王曰衆怒不可犯曰且入大縣而乞師於諸侯王曰皆叛矣又曰且奔諸侯以聽大國之慮王曰大福不再祇取辱耳於是王乘舟將欲入鄢（集解）服虔曰鄢楚別都也杜預

楚世家

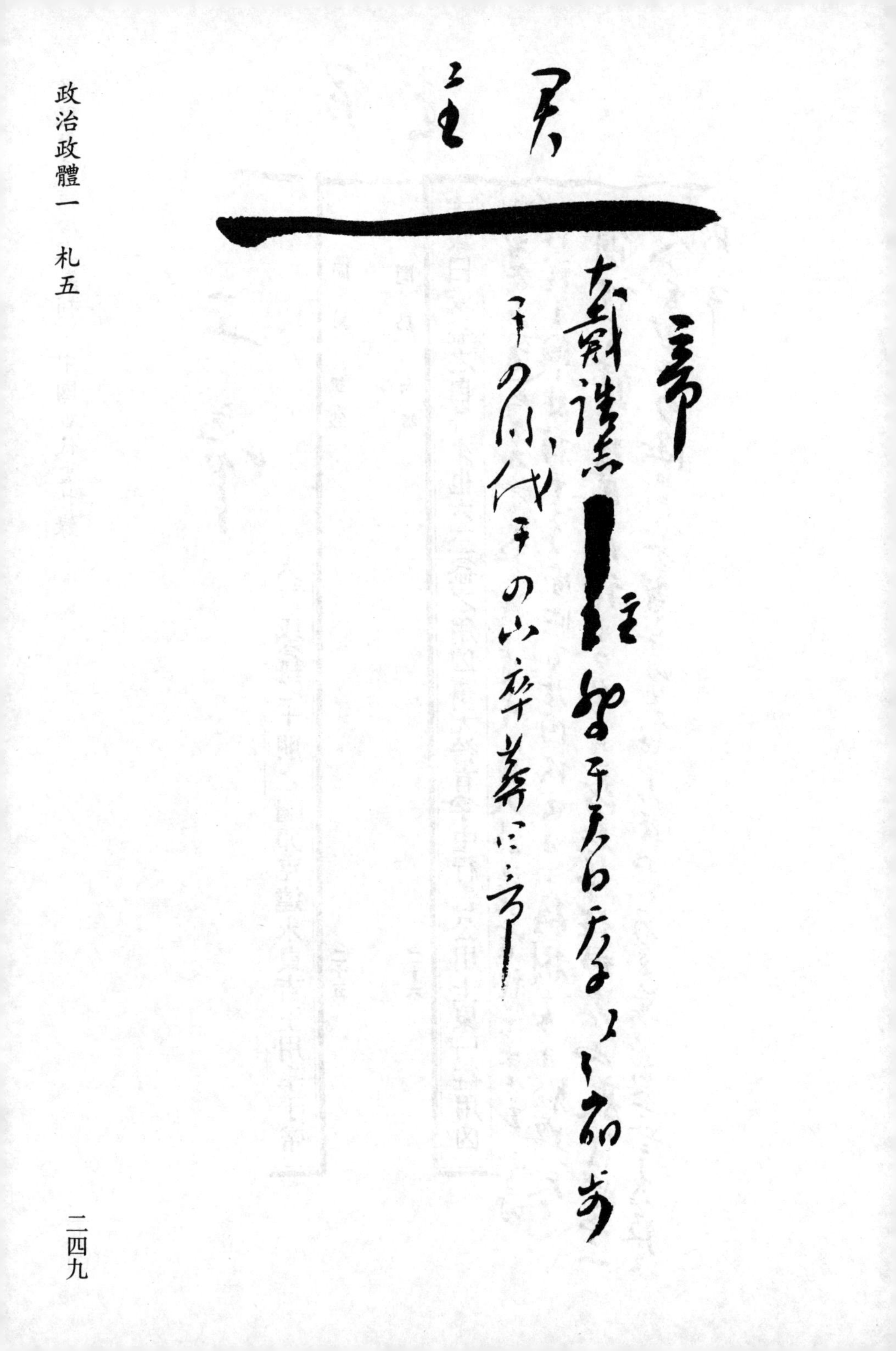

[illegible]

王帝

六二或益之十朋之龜弗克違永貞吉王用享于帝

周易 損益 二十五

吉象曰或益之自外來也六三益之用凶事无咎有孚中行告公用圭象曰益用凶

周易 夬姤 二十六

天王

周書太子晉解人生而重丈夫謂之胄子 胄子成人能治上官謂之士 士率眾時作謂之伯 伯能移善于眾與百姓同謂之公 公能樹名生物與天道俱謂之侯 侯能成群謂之君 君有廣德分任諸侯而敦信曰予一人 善至于四海曰天子 達于四荒曰天王 四荒至莫有怨訾乃登為帝

國家

「民猶家也古言高辛氏陶唐氏猶言周家夏家也」

左傳九陶唐氏之火正號

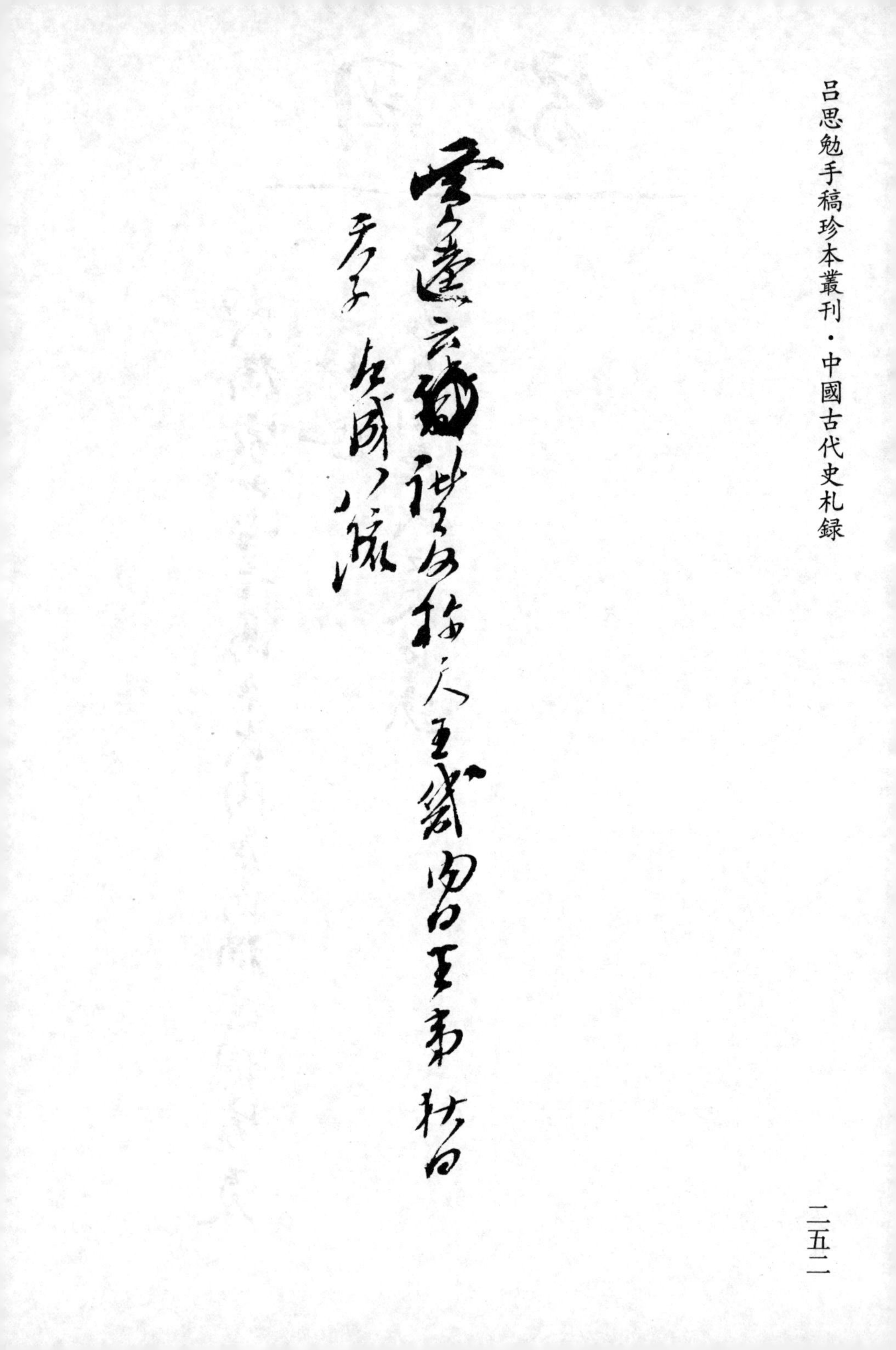

[illegible]

[illegible]

[illegible]

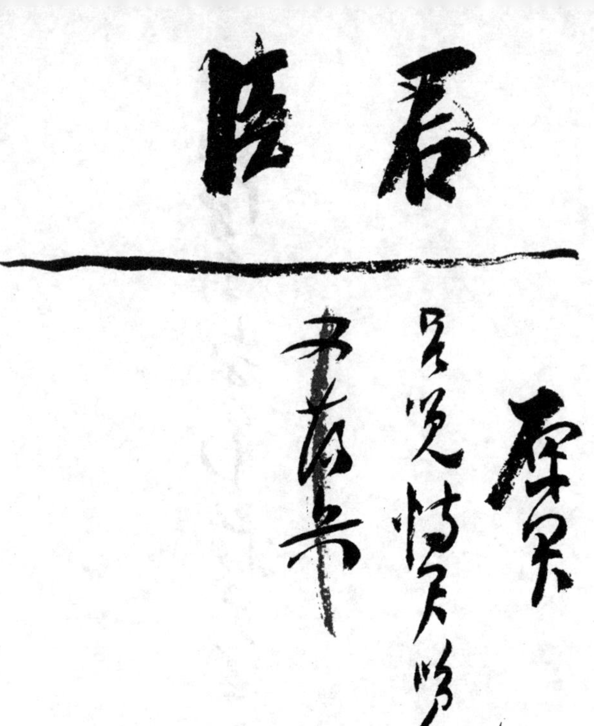

政治

墨子名君長之政曰起

尚同上中下

原君

政治

君臣下第三十一 下文神聖者王仁智者君武勇者長此天之道人之情也 短語五

古者未有君臣上下之別。未有夫婦妃匹之合。獸處羣居。以力相爭。若野獸之處以羣而居力於是智者詐愚。彊者凌弱。老幼孤獨不得其所。故智者假衆力以禁強虐。強者征於弱也而暴人止。智者即聖王也為民興利除害。正民之德。正人之邪德而民師之。師智者也是故道術德行。出於賢人。賢人知道術德行者也其從義理兆形於民心。則民反道矣。道術既出故莫不從義而順理理之極則無姦僻之事始見於人心則人無不道矣名物處違。是非之分。則賞罰行矣。人既反道故以正其善惡之物處其背理之違則為是非者自分矣是非既分故行賞罰以當其功過也上下設。民生體。而國都立矣。上下既設人則生其貴賤之禮故國都立也是故國之所以為國者。民體以為國。貴賤成禮方乃為國君之所以為君者。賞罰以為君。無賞

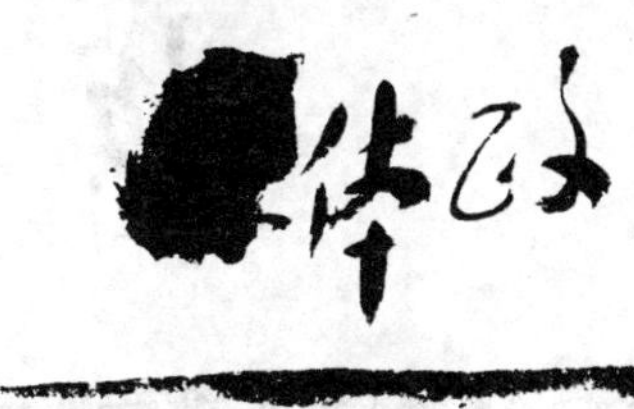

昔者周公朝諸侯于明堂之位周公攝王位以明堂之禮儀朝諸侯也不於宗廟辟王也○朝直遥反注及下皆同辟王音避一本作辟正王天子負斧依南鄉而立天子周公也負之言背也斧依爲斧文屏風於戶牖之間周公於前立焉○斧音甫依本又作扆同於豈反注同鄉許亮反偝本又作背音倍屏並經反牖音酉

公至王也○正義曰周公攝王位者攝代也以成王年幼周公代之居位故云攝王位然周公攝位而死稱薨不云崩魯隱公攝諸侯之位而稱薨同正諸侯者鄭箴膏肓云周公歸政就臣位乃死何得記崩隱公見死於君位不稱薨云何又玄發墨守云隱爲攝位周公爲攝政雖俱相幼君攝政與攝位異也云不於宗廟辟王也者按覲禮諸侯受次于廟門外是覲在廟今在明堂故云辟王王謂辟成王也○注天子至立焉○正義曰以周公朝諸侯居天子位故云天子周公也故大誥云王若曰鄭云王謂周公居攝命大事則權稱王也王肅以爲稱成王命故稱王與鄭異也王肅以家語之文武王崩成王年十三鄭康成用衛宏之説武王崩時成王年十歲與王肅異也

的
作

國字有三種
有候宮室闕城闕之

政体

多數決 手簡

嘗與狄楚青邱舟君有所辯論至千人議從其一時因其在
士之詞臣聞廣詢從眾則合於天心協洪範曰三人占則
從二人之言之甚從多之義論者其宜於從其多則
優而從之惟道家與則庶為不可合議其多中八人
其多中人言當從之雖其著於經傳用於上世係於史
民之公權經其執者其制而以為不宜無也之議難以
定者也

商人稱王——孝文以前皆稱天

史記拔萃卷三十三年四月條

政體

共和與共作

安設採用之三　以以同之條

[illegible]

[illegible]

勉[illegible] 秦[illegible]

[illegible]為王[illegible]

律曆

「推步同列，以六甲子其首，殷曆其後為正也」

此說與本紀文未詳。「據不復太初，當用殷曆者」

代以後，蔡不[illegible]殷者一，始從黃帝從之，之為正朔

本紀皆言爲殷，據三王[illegible]

政體

荀子儒效云周公履天子
之籍……
「履天子之籍聽天下之斷」韓詩外傳引作「履天
而之位聽天下之政」南面之位聽天下之政
讀
稱兆難為「周是無假為天子之事……」

禮獨滕子來會葬故恩録之穀梁以月葬爲故必不得從何説或當有故但經傳不言耳○秋小邾子來朝○朝直遥反○八月大雩○冬大雨雹○雨于付反雹皮學反○北燕伯款出奔齊其曰北燕從史文也疏從史文也○釋曰重發傳者前高止之奔欲明從史文今北燕伯出奔亦曰北燕伯嫌目名之故重曰從史文舉此二者以明例故於後不釋

你回
一
許某聞一言序
尚兩

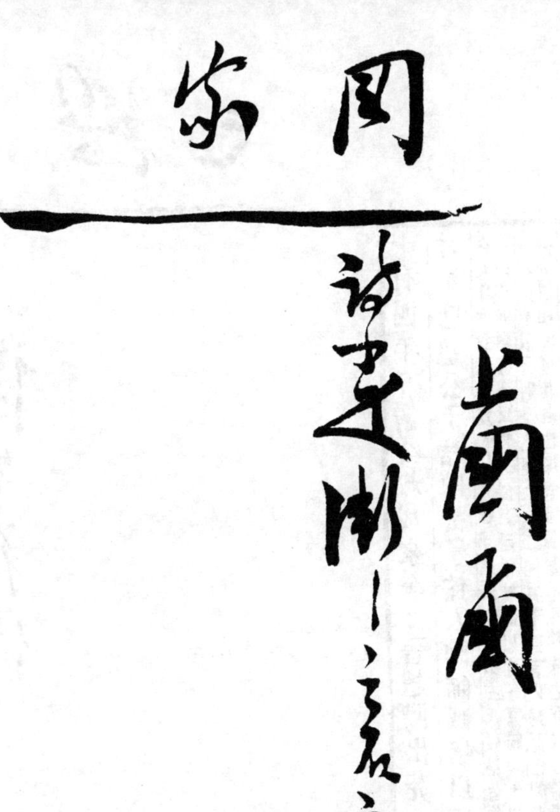

與之

譏不死位

十有四年春衛公叔戌來奔○晉趙陽出奔宋○晉趙陽左氏作衛趙陽疏晉趙陽出奔宋○解云穀梁與此同左氏作衛趙陽字也○二月辛巳楚公子結陳公子佗人帥師滅頓以頓子牄歸不別以歸何國者明楚陳以滅人爲重頓子以不死位爲重○公子佗人大河反二傳作公孫佗人牄七良反二傳作牂別彼列反疏以頓子牄歸○解云左氏穀梁皆作頓子牂字賈氏不注文不備○注不別至之重○解云正以上四年滅沈以沈子嘉歸六年以許男斯歸之屬其上文皆直一國大夫而已是以其經宜言以歸不假分別今此經上載二國其下直言以歸而已似非詳備之義是以解之云明楚陳以滅人爲重者正以二國之卿擅相滅獲其過已深假言歸楚不足輕陳之罪假言歸陳不足滅楚之惡故曰明楚陳以滅人爲重云頓子以不死位爲重者諸侯之禮當合死位頓子不死其過已深何假書言歸于某乎故云頓子以不死位爲重也○夏衛北宮結來奔○五月於越敗吳于醉李月者爲下

四年春王正月公會齊侯宋公陳侯衛侯鄭伯許男曹伯侵蔡蔡潰傳例曰侵時而此月蓋爲潰○潰戶内反蓋爲于僞反下爲退同疏注傳例至爲潰○釋曰侵無月例例時今桓公知所侵而經書月故知爲潰也文三年沈潰書月是其例也莒潰書日者惡大夫之叛故謹而日之潰之爲言上下不相得也君臣不和而自潰散侵淺事也侵蔡而蔡潰以桓公爲知所侵也責得其罪故裁侵而潰不土其地不分其民明正也遂伐楚次于陘楚彊齊欲綏之以德故不速進而次于陘陘楚地○陘音刑疏傳侵淺至正也○釋曰侵者拘人民而謂之淺者對伐爲淺也又傳云不分其民是拘之而不取亦是淺之義此傳本意言桓公不使暴於蔡纔侵之而即潰故因發淺例左氏無鍾鼓曰侵此傳稱拘人民或當掩其不備亦未聲鍾鼓也論語稱齊桓公正而不譎指謂伐楚此侵蔡亦言正者伐楚是責正事大故馬鄭指之其實侵蔡不土其地不分其民亦是正事故傳言正也遂繼事也次止也疏傳次止也○釋曰次有二種有所畏之次即齊師宋師次于郎傳曰畏我是也有非所畏之次即此次于陘傳曰次止也是

存陳

九年春叔弓會楚子于陳陳已滅復見者從地名録猶宋部以邑録不舉小地者顧後當存○復見扶又反下同下賢徧反疏注陳已至當存○解云部者是文王之子春秋前宋人滅之至隱十年夏六月壬戌公敗宋師于菅辛未取郜辛巳取防是也云不舉小地顧後當存者言陳是揔號當是會時未必在其國都所以不舉小地而舉陳者正以楚人暴滅春秋欲閔陳而存之故還舉其大號而言也其存陳者即下經夏四月陳火是也○許遷于夷○夏四月陳火。陳已滅矣其言陳火何。據災異為有國者戒○陳火左氏作災疏陳火○解云左氏作災字穀梁與此同○陳已至火何○解云所以不言外災不書此何以書之義者正以解言存陳故書其火則外災得書之義亦見矣存陳也。陳已滅復火者死灰復燃之象也此天意欲存之故從有國記災疏注陳已至記災

十三經注疏 公羊二十二 昭公八年至十一年 七

解云即考異郵不陳火之類未當誅絶天曉其君死灰更燃之意是也曰存陳悕矣書火存陳者若曰陳為天所存悲之○悕音希悲也疏曰存陳悕矣○解云悕謂悲也公羊子曰陳為天所存者天悲痛之故曷為存陳據災非一天意曷為悲陳而存之疏注據災至存之○解云弟子之意以為春秋之內書災者非止一處而已矣意曷為正於此災之上悲陳而存之乎滅人之國執人之罪人罪人招也殺人之賊孔瑗弑君賊也葬人之君若是則陳存悕矣楚為無道託討賊行義陳臣子開門盡心待之而滅其國若是則天存之者悲之也不書孔瑗弑君者本為招弑當舉招為重方不與楚討賊於役招正賊文以將與上貶起之月者閔之○辟婢亦反閔也本為于偽反疏注不書至閔之○解云案如上文則孔瑗與招本謀弑君而責是弑文者正以君親無將將而必誅故言當舉招為重言故役招正賊文者謂不於討處貶招見其有弑君之罪矣言以將與上貶起之者上貶謂元年稱公子傳云此陳侯之弟招何以不稱弟貶是也云月者閔之者正以外災例時即襄元年春宋火之屬是今而書月故言閔之○秋仲孫貜如齊○貜具縛反又居碧反○冬築郎囿○囿音又

以昭九

則在下之民皆親其上樂其君而輕其死以爲其長上矣。注鬨鬭聲釋云鬨鬭也故曰猶構兵而鬭也

滕文公問曰滕小國也間於齊楚事齊乎事楚乎文公言我居齊楚二國之間非其所事不能自保也孟子對曰是謀非吾所能及也無已則有一焉鑿斯池也築斯城也與民守之效死而民弗去則是可爲也孟子以二大國之君皆不由禮義我謀焉惟施德義以養民與之堅守之或曰世守也非身之所能爲也效死勿去君請擇於斯二者或曰土地乃先人之所受也謂世守之非己身所能專爲至死不可去也欲令文公擇此二者惟所行也

疏滕文公問曰至擇於斯二者。正義曰此章言大王去邠權也效死守業義也滕文公問曰滕小國也竭力以事大國則不得免焉如之何則可者是滕文公問孟子言我之滕國小國也今竭盡其力以奉事大國則不得免其侵伐當如何則可以免焉孟子對曰昔者太王居邠狄人侵之至事之以珠玉不得免焉者孟子荅文公以謂往太王所居邠國後爲戎狄所侵伐是時也太王事之以皮幣且尚不免其侵伐又事之以犬馬又不得免其侵伐復事以珠玉又且猶不免其侵伐焉乃屬耆老而告之曰至邑于岐山居焉邠人曰仁人也不可失也從之者如歸市者孟子言大王以皮幣犬馬珠玉奉事戎狄猶不免其侵伐乃會耆老而告之曰狄人所欲者在我之土地也我聞君子不以所養人之土地而殘賊其民汝二三子何憂患乎無君我將去之以讓狄也遂去邠國踰梁山而邑于岐山下居焉邠國之人遂聞大王此言乃曰仁人之君不可失去也故從之者如歸趨於市若將有所得耳或曰世守也非身之所能爲也效死勿去者孟子又言或人有云土地者乃先人之所受也非己身所能爲者也乃世世守之也當效死而不可去也故請文公擇斯二者而處之二者其一如太王去邠其二如或云效死勿去是也。注皮狐貉之裘幣繒帛之貨。正義曰蓋狐貉之皮爲裘也釋云狐貉妖獸也後人以其狐貉性多疑故以皮爲之裘也孔子曰黃衣狐裘又曰狐貉之厚以居是也周禮行人職云合六幣圭以馬璋以皮璧以帛琮以錦琥以繡璜以黼此六物以和諸侯之好鄭注云合同也六幣所以享也是幣即繒帛之貨也云屬會也釋文云會也又曰付也

滅國而遷其君於我之附庸國

人軍齊師王湫故齊人成十八年奔萊正輿子萊大夫棠萊邑也北海即墨縣有棠鄉三人帥別邑兵來解圍○湫子小反徐子鳥反齊師大敗之敗湫等丁未入萊萊共公浮柔奔棠正輿子王湫奔莒莒人殺之四月陳無宇獻萊宗器于襄宮無宇桓子陳完玄孫襄宮齊襄公廟○共音恭晏弱圍棠十一月丙辰而滅之遷萊于郳遷萊子于郳國○遷萊于郳五兮反本或作遷于郳萊衍字疏遷萊于郳○正義曰郳即小邾也二年傳曰滕薛小邾之不至皆齊故也小邾附屬於齊故滅萊國而遷其君於小邾使之寄居以終身也高厚崔杼定其田定其疆界高厚高固子○疆居良反

襄六

私屬

附釋音春秋左傳注疏卷第十五 僖二十二年盡二十四年

杜氏注　孔穎達疏

經二十有二年春公伐邾取須句須句雖別國而削弱不能自通爲魯私屬若顓臾之比魯謂之社稷之臣故滅奔及反其君皆略不備書惟書伐邾取須句○比必二反疏注須句至須句○正義曰上傳云須句子則須句子爵故云雖別國而不能自通爲魯私屬若襄公之世鄫國屬魯故知如顓臾之比略不備書也○夏宋公衞侯許男滕子伐鄭○秋

僖廿二

閣為政〻臧

家管子以家為門料多隊以為也　其刻文誤矣

陵也鄉左閣使都邑〻也有其樣臧

也

何謂霜　何謂至

霜言為

滅者亡國善辭——上下同

十三經注疏　公羊十　僖公五年至七年　五

下八年夏狄伐晉十年春狄滅溫之屬是也○注晉里克比弒其二君○解云即下九年晉里克弒其君之子奚齊十年春晉里克弒其君卓子是也○冬晉人執虞公虞已滅矣其言執之何据滅言以歸上傳云四年反取虞知去滅變以歸言執○去起呂反下同疏注据滅言以歸解云即定六年鄭游遬帥師滅許以許男斯歸之屬是也○上傳至取虞○解云在上二年○注知去至言執○解云注言此者欲解傳家得知虞已滅矣之義耳不與滅也曷爲不與滅滅者亡國之善辭也言滅者王者起當存之故爲善辭滅者上下之同力者也言滅者臣子與君勠力一心共死之辭也不但去滅復去以歸言執者明虞公滅人以自亡當絶不得責不死位也晉稱人者本滅而執之不以王法執治之故從執無罪辭也虞稱公者奪正爵起從滅也不從滅例月者略之○勠音六又作勠力彫反

僖五

三帝
王

「天子暨母陳叔從諸廿帝」

出自通稱諸帝，晉「」、稱帝」、撰叔於」、乃以帝

因是而出帝」

惡不死位

○秋楚人滅隗以隗子歸不月者略夷狄滅微國也不言獲者舉滅爲重書以歸者惡不死位不名者所傳聞世見治始起責小國略但絕不誅之○隗五罪反二傳作夔惡不烏路反下同傳直專反見治賢遍反下直吏反【疏】注不月者略夷狄○解云正以莊十年冬十月齊師滅譚十三年夏六月齊人滅遂之類皆書月故也○注不名者至不誅之○解云案上二十三年杞子卒之下注云又因以見聖人子孫有誅無絕故貶不失爵也以此言之似誅輕絕重此注云但絕不誅自相違者凡誅有二種一是誅責之誅若齒路馬有誅於子與何誅之類一是誅絕之誅似武王誅紂誅君之子不立之類然則上言有誅無絕聖人子孫但當誅責而已不合絕去此言但絕不誅者謂所傳聞之世責小國略今此不書其名但欲絕去一身不誅爲君不合誅滅其國哀七年八月己酉入邾婁以邾婁子益來傳云邾婁子益何以名絕之又莊十年以蔡侯獻舞歸傳曰蔡侯獻舞何以名絕之以此二文言絕之則似書名爲絕之此注云不名者但絕而不誅又以不名爲絕者蓋以絕亦有二種一是絕去其身一是絕滅其國蔡侯獻舞大國之君不能死難爲楚所獲春秋之義不與夷狄得志于諸夏是以不得書獲故名蔡侯起其當合絕滅矣邾婁正當所見之世爲魯所獲春秋之義內獲人皆諱不書故名邾婁子以起不死難當絕滅矣今此隗子既是微國復當傳聞之世若其書名恐如二君亦合絕滅故不名見責之略也但合一身絕去而已

僖廿六

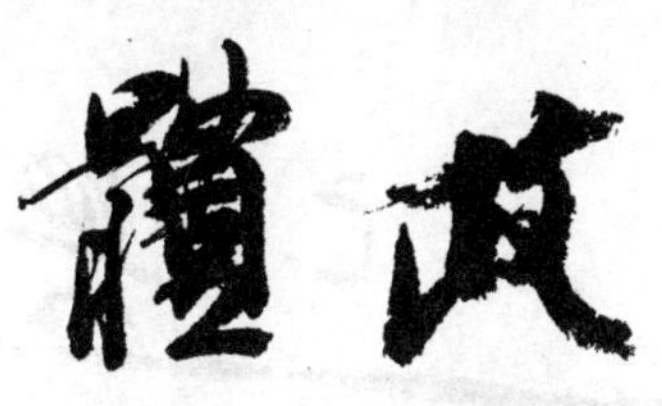

○鄭子產

獻捷于晉獻入陳之功而不獻其俘疏注獻入至其俘。正義曰上云數俘而出不將以歸知其空獻功不獻俘也戎服將事戎服軍旅之衣異於朝服疏注戎服至朝服。正義曰周禮司服云凡兵事韋弁服鄭玄云韋弁以韎韋爲弁又以爲衣裳也諸侯之朝服玄冠緇布衣素積以爲裳是戎服異於朝服也晉人問陳之罪對曰昔虞閼父爲周陶正以服事我先王閼父舜之後當周之興閼父爲武王陶正。閼於葛反我先王賴其利器用也與其神明之後也舜聖故謂之神明庸以元女大姬配胡公庸用也元女武王之長女胡公閼父之子滿也。大音泰配亦作妃音配長丁丈反疏注庸用至滿也。正義曰庸聲近用故爲用也史記陳世家云陳胡公滿者虞帝舜之後也舜傳禹而舜子商均爲封國夏后之時或失續周武王克殷求舜後得嬀滿封之於陳以奉帝舜祀是爲胡公而封諸陳以備三恪周得天下封夏殷二王後又封舜後謂之恪并二王後爲一國其禮轉降示敬而已故曰三恪。恪若洛反疏注周得至三恪。正義曰樂記云武王克殷未及下車而封黃帝之後於薊封帝堯之後於祝封帝舜之後於陳下車而封夏后氏之後於杞投殷之後於宋郊特牲云天子存二代之後猶尊賢也尊賢不過二代鄭玄以此謂杞宋爲二代之後薊祝陳爲三恪杜今以周封夏殷之後爲二王後又封陳并二王後爲三恪杜意以此傳言以備三恪則以陳備三恪而已若遠取薊祝則陳近矣何以言備以其稱備知其通二代而備其數耳二代之後則各自行其正朔用其禮樂王者尊之深也舜在二代之前其禮轉降恪敬也封其後示敬而已故曰恪雖通二代爲三其二代不假稱恪唯陳爲恪耳則我周之自出至于今是賴言陳周之甥至今賴周德

之四

諸侯奔外歸之義

○大水○冬戎侵曹曹羈出奔陳疏

傳曹羈出奔陳○釋曰公羊以爲曹羈是曹大夫三諫不從而去之也杜預注左傳以爲羈是曹之世子此處雖無傳案下二十六年傳意則與公羊同也。赤歸于曹郭公疏傳赤歸于曹郭公○釋曰薄氏駁云赤若是諸侯不能治國舍而歸曹應謂之奔何以詭例言歸乎徐乾又云不言郭公疑是魯之微者若是微者則例所不書何得以微者爲譬二事俱滯而范從之者凡諸侯出奔其國者或爲人所滅或受制强臣追逐苟免然後書出今郭公在國不被追逐往曹事等如歸故以易辭言之不得云出奔也凡内大夫未得命者例但書名若使赤直名而無所繫則文同俠等故又云郭公也徐乾之説理通故范引而從之赤蓋郭公也何爲名也禮諸侯無外歸之義外歸非正也徐乾曰郭公郭國之君也名赤蓋不能治其國舍而歸于曹君爲社稷之主承宗廟之重不能安之而外歸他國故但書名以罪而懲之不直言赤復云郭公者恐不知赤者是誰將若魯之微者故也以郭公著上者則是諸侯失國之例是無以見微之義○羈居宜反郭公左氏如字公羊音虢舍音捨懲直升反復扶又反著張慮反又張畧反見賢徧反○

莊廿四 穀

政体

【集解】張晏曰列侯解見序例 武城侯王離列侯通武侯王賁倫侯建【索隱】爵卑於列侯無封邑者倫類也亦列侯之類 成侯趙亥倫侯昌武侯成倫侯武信侯馮毋擇丞相隗狀【索隱】隗姓狀名有本作林者非顏之推云隋開皇初京師穿地得鑄秤權有銘云始皇時量器丞相隗狀王綰二人列名其作狀貌之字時令校寫親所按驗王劭亦云然斯遠古之證也【正義】隗音五罪反丞相王綰卿李斯卿王戊五大夫趙嬰五大夫楊樛從與議於海上【正義】樛音居虯反從才用反與音預言王離以下十人從始皇咸與始皇議功德於海上立石於琅邪臺

乾隆四年校刊　史記卷六　本紀　三十四

下十八名字並刻頌此頌前後序兩句爲韻此三句爲韻曰古之帝者地不過千里【正義】過音戈千里謂王畿諸侯各守其封域或朝或否相侵暴亂殘伐不止猶刻金石以自爲紀古之五帝三王知教不同法度不明假威鬼神【正義】言五帝三王假借鬼神之威以欺服遠方若萇弘之比也以欺遠方實不稱名【正義】稱尺證反故不久長其[illegible]歿諸侯倍叛法令不行今皇帝幷一海內以爲郡縣天下和平昭明宗廟體道行德尊號大成羣

始皇紀琅邪刻石

國界

識其依重山川之所有部分不得妄相踰入國新志本

侍四邊

政治

婦女政治　一六三頁　見家族論

女為家庭領袖即母權制引申至政治上

參加部族會議　决和戰　保管財政　把罪犯交給

田地及所產皆在女子手

女族長由老年之女家長中選出　女族長選舉平時着

長　亦或女子可為酋長

此時先覺女子[illegible]〔才〕女子力

因農耕重要女子組織男不在此組織之內

政治

平民政治行於低級民族

以經濟平等个人才力亦顯

政治

人治政治

瀕河長老政治無共主之名未計以結交地方轉體之信律道往來而已　其義即部落集民族而成部落中界甚清　然皆民主政體也此外之貴族政體與君主政體至為晚世

議

政治

屬地之原

海洋米克奈人部落不由親族關係而由地域鄰接械鬥時部落之屬與親屬之屬時多聯合居於其地亦許多事不得不與其人共休戚者也

政治

应

经一種儀式互相结合

國與民意

國非各人之意志之同而超於各人普徧之意

故國之意志合理與利之義矣

既曰當合理利否宜用力深求

蘇維埃制

蘇聯現代政治思想知一册

政治

拉丁美洲人共和失敗之由

比較政治制度184頁

官僚之弊

此已無可救藥故當自下層組織起

征服者與被征服者之同化

一為榨取一為被榨

威服之後繼以懷柔　才知登庸　通婚

社會的經濟的交通　合成一族

然經濟上階級仍存

蘇聯之制

權在蘇維埃之共黨　權在黨法後依憲法成年　不同今作

唐其事實上爲共產黨所

三權併

選舉以領導者不必正確

古今三年一次開會一星期不等之選任期者通過之

權集　權在中樞分子　從邦民族兩院每年三会

今日要討論者某所提 中執委會主義

共產黨政治部指揮 其中以若干人同時為共產黨之魁

其大會聯共人數多來自各地便宜從事

以為人民委員會有主席一人副主席若干領

部委員若干另有勞工國防兩委員會

俄亦自謂非民主

主權

在君說託於神　在民說似爲建時合

階級　爲君在閥　今代以義務性質

有權力者禁不得不以革命得其義

昌者　不得不爲來實之也